CREAR UNA TIENDA ONLINE EN WORDPRESS

DANIEL REGIDOR

www.creartiendawordpress.guia-burros.com

EDITATUM

Diseño de cubierta: © Looking4

Maquetación de interior: © Editatum

Primera edición: Octubre de 2018

ISBN: 978-84-948776-8-1

Depósito legal: M-31855-2018

Impreso en España/ Printed in Spain

Si después de leer este libro, lo ha considerado como útil e interesante, le agradeceríamos que hiciera sobre él una **reseña honesta en Amazon** y nos enviara un e-mail a **opiniones@guia-burros.com** para poder, desde la editorial, enviarle **como regalo otro libro de nuestra colección.**

Agradecimientos

Quisiera agradecer al equipo de Editatum, y en especial a su director, Borja Pascual, la oportunidad que me han brindado de escribir este libro. También a su editor y maquetador, David Tavío.

A todos mis compañeros de oficina, en especial a Jose y Adrián que me acompañan cada día. Y por supuesto a Carol que me acompaña mucho más allá.

A todos mis compañeros forococheros por proporcionarme siempre esa gran fuente de sabiduría, inspiración y diversión.

A mis colegas de los MX-5 por compartir conmigo tantos momentos de diversión.

Y por supuesto a toda mi familia y amigos (Sabéis quiénes sois pero no puedo mencionaros a todos).

Sobre el autor

 **Daniel Regidor**, nacido en Madrid en 1991 y residente en Aranjuez, es técnico superior en administración de sistemas informáticos en red y actualmente trabaja como coordinador de desarrollo web y director de marketing online en Weberalia.

 Gusano300 Daniel_Regidor

Índice

Introducción

¿Qué es WordPress?

WordPress es un sistema gestor de contenidos (CMS) que permite crear prácticamente cualquier tipo de página *web* de forma relativamente sencilla.

WordPress es a día de hoy el gestor de contenidos más utilizado del mundo. Más del 23 % de los sitios web publicados en internet lo utilizan y esta cifra asciende a más del 60 % si nos centramos únicamente en webs creadas con gestores de contenidos.

¿Qué es WooCommerce?

WooCommerce es un *plugin* gratuito que permite convertir cualquier instalación de WordPress en una tienda online de forma muy sencilla.

Que este sistema sea sencillo no implica en absoluto que sea mala opción. WooCommerce es muy potente y nos permite unas posibilidades casi infinitas gracias a la gran cantidad de *plugins* desarrollados para él.

¿Por qué utilizar WordPress WooCommerce?

Actualmente WordPress es el gestor de contenidos más recomendado por su versatilidad y el gran ecosistema que se ha creado en torno él.

Gracias a sus más de 35000 *plugins* y más de 12000 temas, podrás crear prácticamente cualquier proyecto *web* que te propongas, desde un pequeño *blog* personal hasta una potente tienda *online*, como es el caso que nos ocupa. Todo ello con una interfaz tan sencilla de manejar que es apta para todos los públicos, sin necesidad de tener grandes conocimientos de programación o desarrollo *web*.

Respecto a WooCommerce nos encontramos una situación similar. Es el sistema de creación de tiendas *online* más utilizado en WordPress y uno de los más utilizados en términos globales junto a Prestashop, Shopify y Magento, lo que nos garantiza una gran variedad de *plugins* para conseguir una gran escalabilidad.

Pero hay más ventajas:

- **Gratuito:** WordPress y WooCommerce son de código abierto y no requieren de licencias. El principal movimiento económico en estos sistemas está en torno a los *plugins* y temas, pero en muchas ocasiones nos bastaremos con los gratuitos y no deberemos realizar ninguna inversión al respecto.
- **SEO Friendly:** Toda la estructura de WordPress y Woocommerce está diseñada para ser "amigable con

el SEO", es decir, que nos ayude a posicionar nuestra *web* y nuestros productos en buscadores. No obstante, en esta guía daremos algunos consejos fundamentales para estar en lo más alto.

- **Excelente gestión de usuarios:** El sistema nos permite gestionar los roles de los diferentes usuarios de forma sencilla, permitiéndonos tener autores, editores, administradores, etc.

- **Gran flexibilidad:** WooCommerce nos permite vender de forma sencilla una gran variedad de tipos de productos: físicos, digitales, suscripciones, externos, etc.

- **Actualización constante:** Tanto WordPress como WooCommerce se mantienen constantemente actualizados si así lo deseamos. De esta forma siempre tendremos la máxima seguridad, las últimas novedades y el mejor posicionamiento.

¿Por qué elegir WordPress WooCommerce en lugar de otros sistemas gestores de tiendas online?

Actualmente existe cierta variedad de sistemas de creación de tiendas *online* (Prestashop, Shopify, Magento, etc.). Todos ellos tienen el mismo objetivo, pero WordPress es el más sencillo de usar, además de ser el más completo al tener todas las ventajas enunciadas anteriormente y no faltarle prácticamente nada relevante de lo incluido en el resto de sistemas.

WordPress.com es un servicio *online* que no necesita que descarguemos ni instalemos nada; todo el contenido se mantiene en sus servidores. El control del contenido es similar, pero tiene bastantes limitaciones respecto al WordPress tradicional. Solo se recomienda para *webs* muy sencillas creadas por personas con muy poco tiempo o conocimientos.

Instalación

El proceso de instalación de WordPress WooCommerce es sencillo y apto para todos los públicos sabiendo qué pasos seguir.

¿Qué necesitas?

- **Servidor:** También llamado "alojamiento" o "hosting", es el "disco duro" donde estará alojado nuestro wordpress y todo su contenido (textos, imágenes, etc.). Existen cientos de empresas de hosting con una gran variedad de precios y servicios. Estos son los requisitos que deberemos tener en cuenta a la hora de elegir nuestro servidor:
  1. **PHP:** Versión 7 o superior (Prácticamente ninguna empresa nos pondrá problemas con ello e incluso nos permitirán seleccionar manualmente la versión que queremos).
  2. **Bases de datos:** MySQL 5.6 o superior, o MariaDB 10.0 o superior. (Tampoco deberíamos tener problemas).
  3. **Espacio de almacenamiento suficiente en función de nuestras necesidades:** Siempre teniendo en cuenta que una instalación de WordPress tiene un peso aproximado de 100MB, es decir, con un alojamiento de 300MB, tendríamos

200MB libres para imágenes, vídeos, etc. Para una web "normal", sería recomendable tener un alojamiento de unos 500MB.

4. **Estabilidad:** Que nuestra web esté activa las 24 horas del día los 365 días del año es fundamental. No viene mal, antes de contratar un hosting, buscar opiniones sobre él para saber si suele dar problemas en este aspecto.

5. **Copias de seguridad:** Aunque no son imprescindibles y siempre podemos hacerlas manualmente, es muy recomendable que nuestro hosting realice copias de seguridad diarias de todo nuestro contenido. Así estaremos totalmente protegidos frente a cualquier tipo de problema o ataque.

6. **Dominio:** El dominio es el nombre que tendrá nuestra web en internet, por ejemplo, "mipaginaweb.com" o "mipaginaweb.es". Podremos elegir cualquiera que no haya registrado nadie anteriormente.

> **CONSEJO**
>
> Guarda todas las facturas, justificantes, libro de IVA y libros de inversión al menos 4 años.

- **Archivos de instalación de WordPress:** Necesitaremos descargar desde wordpress.org los ficheros de instalación de WordPress:

- **Archivos de instalación de WooCommerce (opcional):** Realmente no es necesario poseer de antemano los archivos de instalación de WooCommerce, ya que WordPress nos permitirá instalar el sistema directamente desde su gestor de plugins, pero si así lo deseamos, podemos descargarnos los ficheros desde https://es.wordpress.org/plugins/woocommerce/.

Proceso de instalación de WordPress

 CONSEJO

Existen proveedores de *hosting* que incluyen auto-instaladores de WordPress. Gracias a ellos, podremos instalar WordPress por completo de una forma aún más sencilla.

1. Accede a la carpeta "public_html" o "www" de tu servidor mediante el administrador de archivos que encontrarás en el panel de control o mediante FTP, y sube a ella todos los ficheros que encontrarás en la carpeta "WordPress" del fichero comprimido que has descargado en wordpress.org.

> **👁 ¡OJO!**
>
> Debemos subir directamente todos los archivos que se encuentran **dentro** de la carpeta "WordPress", pero nunca subir la propia carpeta.

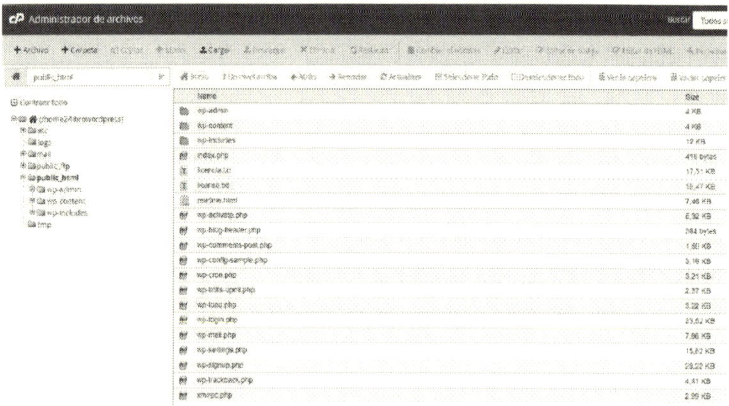

2. Desde el panel de control de tu servidor, crea una base de datos, con un usuario y una contraseña. (Este proceso varía dependiendo del servidor).

3. Desde un navegador de internet, entra en el dominio que hayas seleccionado seguido de /wpadmin/install.php. Por ejemplo, si tu dominio es www.tudominio.com, entra en www.tudominio.com/

wp-admin/install.php. Al hacerlo, se iniciará un asistente en el que debemos hacer clic en el botón: "¡Vamos a ello!":

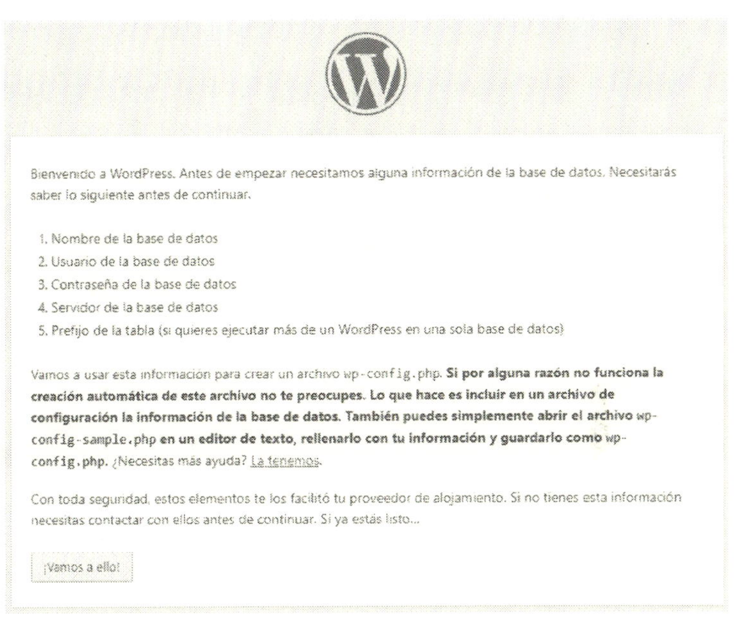

4. El siguiente paso nos solicitará, en primer lugar, el nombre de la base de datos, el nombre de usuario (de la base de datos) y la contraseña (del usuario de la base de datos). Estos datos tendremos que rellenarlos con los datos que hayamos generado en el punto 2. A continuación nos solicitará el servidor de la base de datos. Generalmente en una instalación como la que estamos realizando donde los ficheros y la base de datos se encuentran en el mismo alojamiento, tendremos que rellenar este campo con la palabra *"localhost"*. Por último, nos solicitará un "prefijo de tabla". Esto

solo nos resultará útil si vamos a instalar varios WordPress en un mismo lugar. En ese caso, tendríamos que cambiar el prefijo por otro diferente. De no ser así, podremos dejar el que viene por defecto y hacer clic en "enviar".

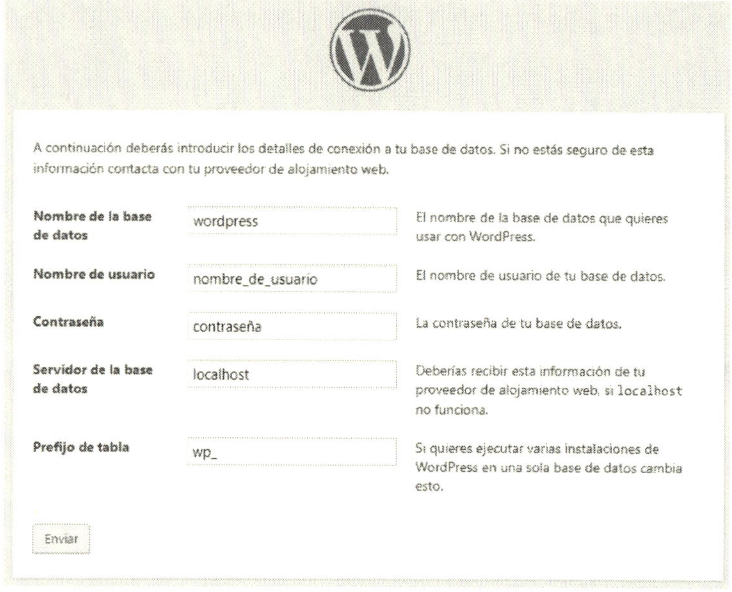

5. En el siguiente paso, si la conexión con la base de datos es correcta, nos aparecerá un mensaje de enhorabuena en el que tendremos que hacer clic en el botón: "Ejecutar la instalación".

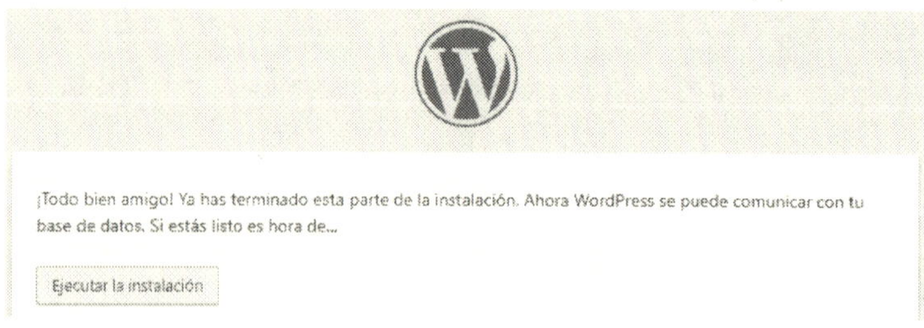

6. A continuación, tendremos que introducir el título que tendrá nuestra web (podremos cambiarlo en el futuro), un nombre de usuario y contraseña (que utilizaremos para acceder a la administración) y un correo electrónico al que nos llegarán las diferentes notificaciones.

7. Cuando tengamos rellenos estos campos, ya podremos hacer clic en: "Instalar WordPress".

No marcar la opción: "Disuade a los motores de búsqueda de indexar este sitio", ya que con ella activa los motores de búsqueda no encontrarán nuestra *web*.

8. Una vez finalizada la instalación, ya podremos acceder a la administración de nuestra web. Para ello, tendremos que acceder a nuestro dominio, seguido de "/wp-admin" (por ejemplo: www.tudominio.com/wp-admin), e introducir el nombre de usuario o correo electrónico y la contraseña que hemos indicado en el paso 6.

Proceso de instalación de WooCommerce

Existen tres formas de instalar WooCommerce:

1. **A través del sistema de gestión de** *plugins* **de WordPress.** Es el método más rápido y sencillo; simplemente tendremos que acceder al panel de administración de nuestro WordPress como hemos visto en el apartado anterior y pulsar en *"plugins"*.

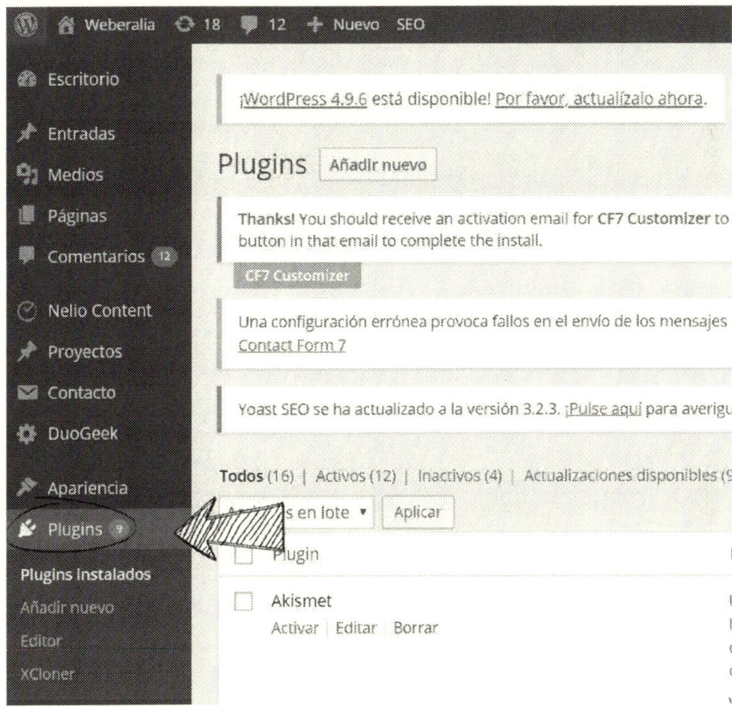

Y a continuación, en "añadir nuevo":

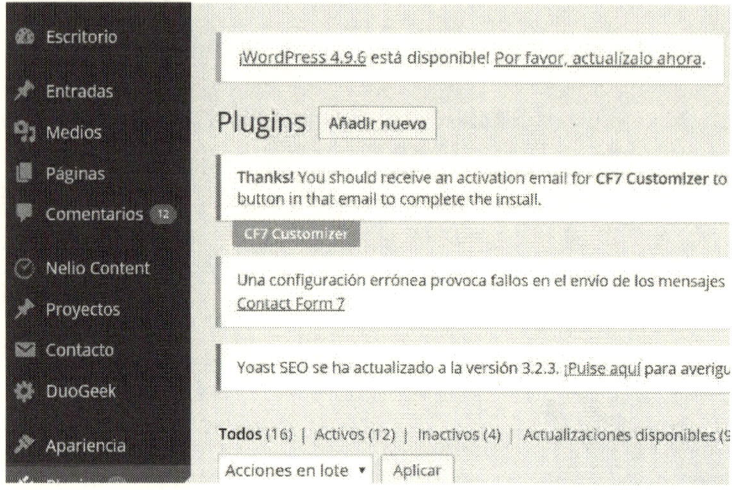

En el panel "añadir plugins" que encontramos a continuación, tendremos que introducir la palabra "Woocommerce" en el campo "buscar plugins" que encontraremos en el lado derecho de la pantalla:

Al pulsar la tecla intro de nuestro teclado, nos aparecerá WooCommerce como primera opción. Nos bastará con pulsar en "instalar ahora" para que se realice la instalación completa:

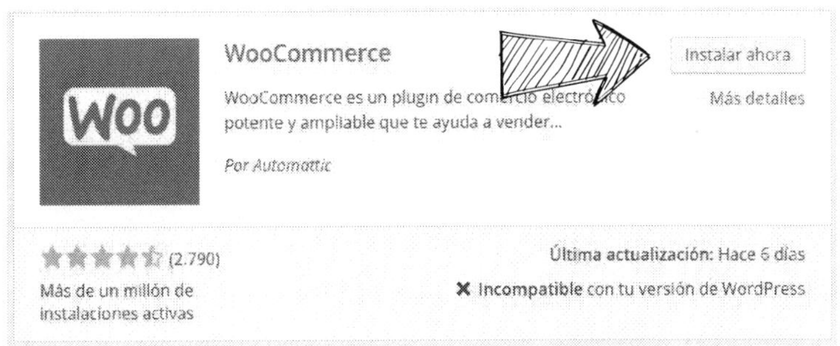

Al completarse la instalación, nos aparecerá un mensaje confirmando que se ha realizado con éxito. Sólo nos quedará hacer clic en "activar *plugin*" y tendremos WooCommerce totalmente operativo:

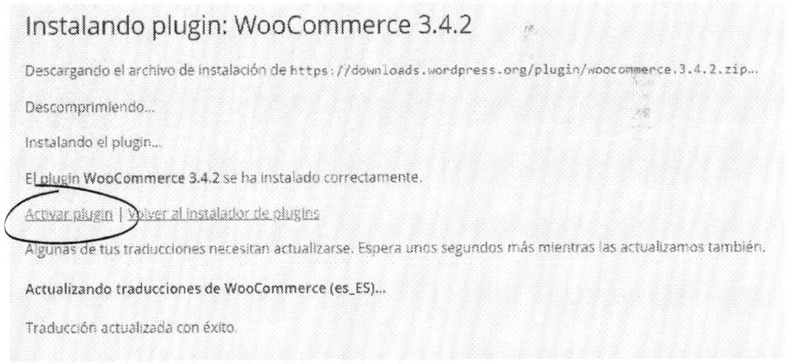

2. Descargando el plugin desde la web:

Tendremos que acceder a http://woocommerce.
com, donde tendremos que pulsar el botón "GET
STARTED".

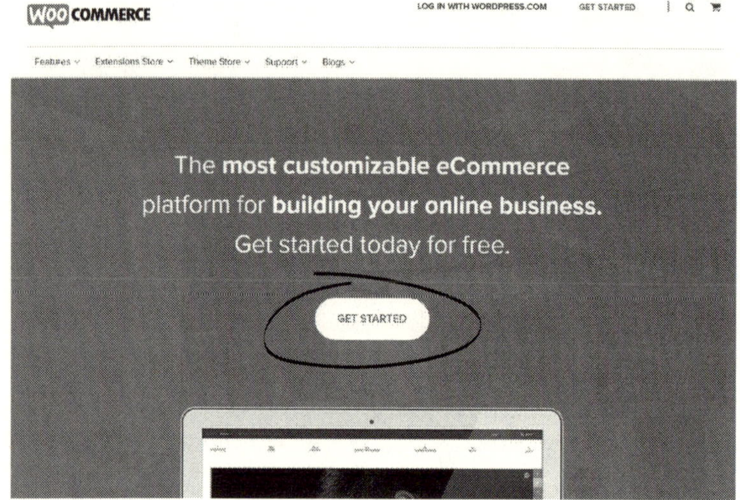

Al hacerlo, la web nos pedirá registrarnos en wordpress.
com o acceder a nuestra cuenta en caso de que ya estemos registrados.

Regístrate en WooCommerce.com con una cuenta
de WordPress.com

Learn more about the benefits

Tu dirección de correo electrónico

Seleccionar un nombre de usuario

Seleccionar una contraseña

Al crear una cuenta, aceptas nuestras fascinantes condiciones de servicio.

Continuar

¿Ya tienes una cuenta de WordPress.com? Inicia sesión ahora.

← Volver a WooCommerce.com

👁 ¡OJO!

Debemos recordar que wordpress.com es una web totalmente independiente de nuestra instalación de WordPress. Por tanto, no debemos tratar de acceder con el usuario que utilizamos para gestionar nuestra página.

En el siguiente paso, el sistema nos pedirá conectar nuestra cuenta de WordPress con nuestra cuenta de WooCommerce. Aquí deberemos seleccionar si no tenemos una cuenta de WooCommerce (primera opción) o si ya la tenemos (segunda opción).

Connect an existing WooCommerce.com account to your WordPress.com account to continue managing existing purchases, tickets and subscriptions

I don't have a WooCommerce.com account
I am just getting started, or want to create a new account

I have an existing WooCommerce.com account
Connect my existing WooCommerce.com account to my WordPress.com account

Una vez hayamos accedido con nuestra cuenta, el sistema nos redireccionará a la web de WooCommerce, donde podremos descargar nuestra extensión. Para ello, deberemos dirigirnos a "downloads".

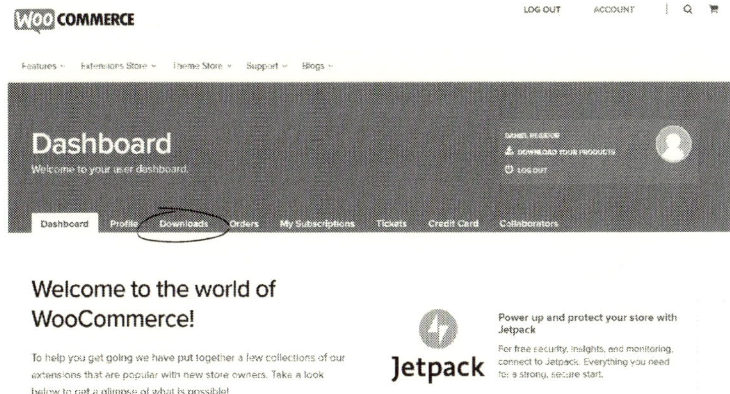

Allí, pulsaremos en "DOWNLOAD" en la última versión de WooCommerce que aparezca disponible.

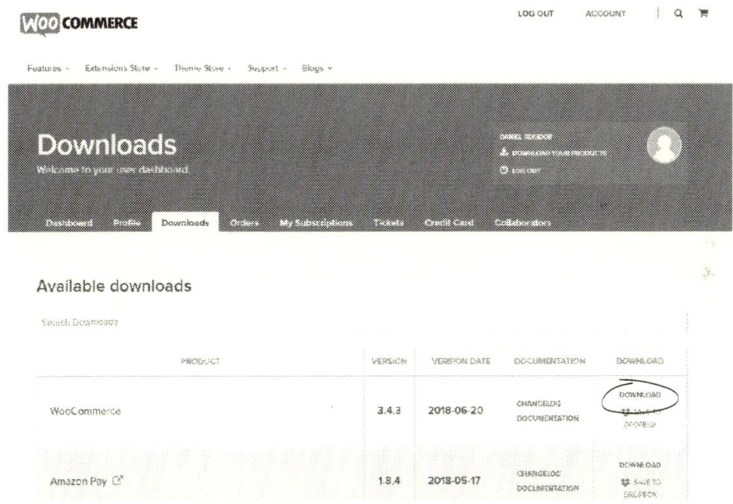

Una vez tengamos descargado el archivo, tendremos que instalarlo en nuestro WordPress. Para ello tendremos que dirigirnos desde nuestro escritorio de WordPress a plugins > añadir nuevo > subir plugin.

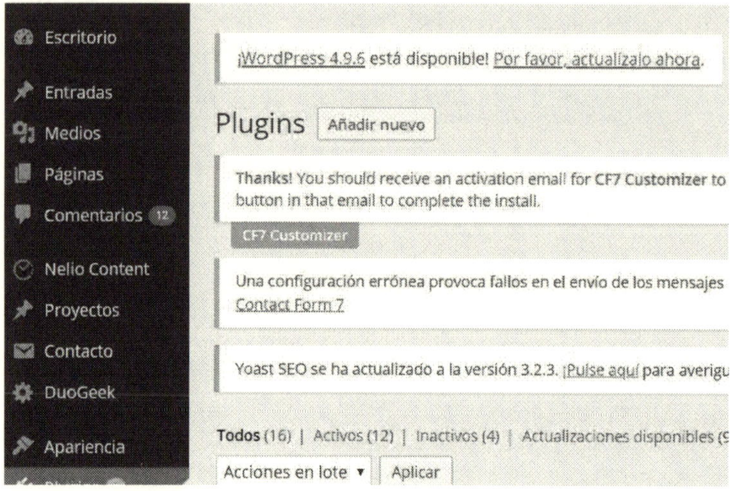

Esto nos permitirá subir directamente el .zip del plugin. Cuando esté subido, el sistema nos informará de que todo ha ido bien y nos mostrará directamente un botón "activar plugin", que deberemos pulsar.

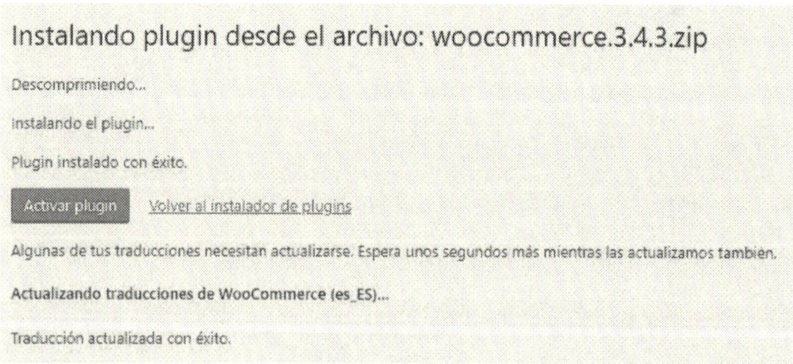

Activación de WooCommerce

Sea cual sea la técnica de instalación que hayamos elegido, cuando hagamos clic en "activar", el sistema nos redirigirá a su proceso de configuración.

En el primer paso, deberemos elegir las características básicas de nuestra tienda, principalmente relacionadas con la ubicación y la moneda que utilizaremos para recibir los pagos.

En el siguiente paso, deberemos configurar los sistemas de pago que aceptaremos en nuestra tienda, aunque siempre teniendo en cuenta que podremos configurarlo más adelante, añadiendo muchos más métodos de pago de los que nos aparecen en esta ventana.

Por defecto nos aparecerán activados "Stripe" y "PayPal". Podremos desactivar cada uno de ellos, si así lo deseamos, con el interruptor morado que encontraremos en la parte derecha de cada uno de ellos.

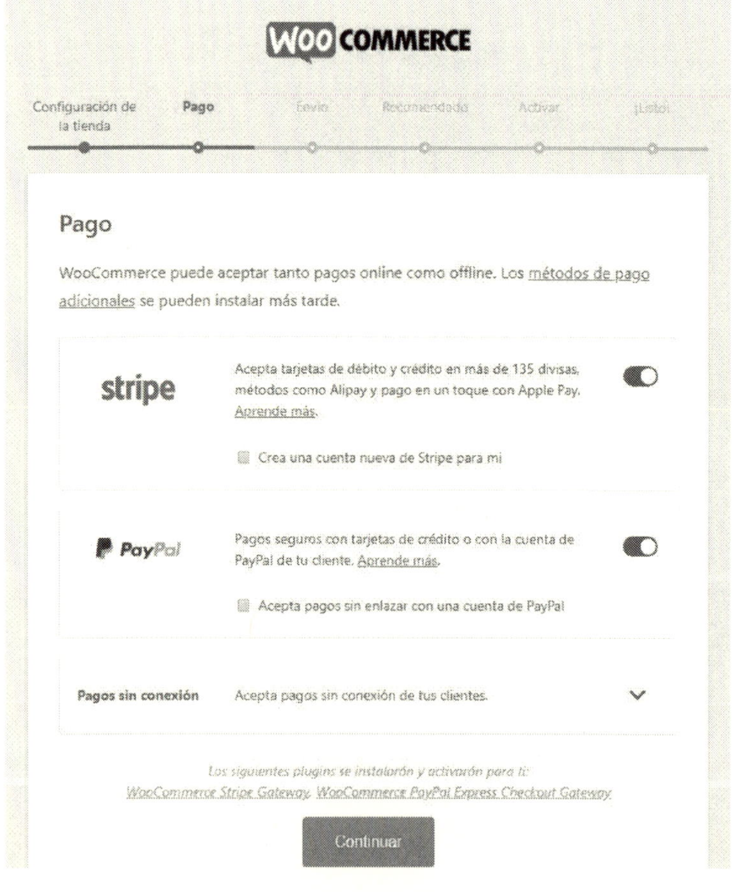

La siguiente ventana nos ofrece la opción de configurar los métodos de envío iniciales de nuestra tienda, mostrando un método de envío para nuestro país y otro para fuera de él. Al igual que con los métodos de pago, podremos desactivar cada uno de ellos con los interruptores morados que encontramos en la parte derecha.

En cada uno de ellos podremos seleccionar una "tarifa fija" o "envío gratuito". Más adelante podremos configurar los métodos de envío de forma mucho más avanzada.

Debajo de los métodos de envío encontraremos las unidades de peso y dimensión que se utilizarán para calcular los costes de envío en nuestra tienda. Por defecto, WooCoommerce selecciona automáticamente los utilizados en nuestro país.

El siguiente paso, llamado "recomendado", únicamente nos recomendará *plugins* que nos puedan interesar en nuestra tienda. Para activarlos, simplemente deberemos dejar marcado el *tick* blanco sobre fondo morado que encontramos en la parte izquierda de cada uno de ellos. Si no queremos instalar ninguno de ellos, podremos pulsar el botón enlace "saltar este paso" que encontraremos en la parte baja.

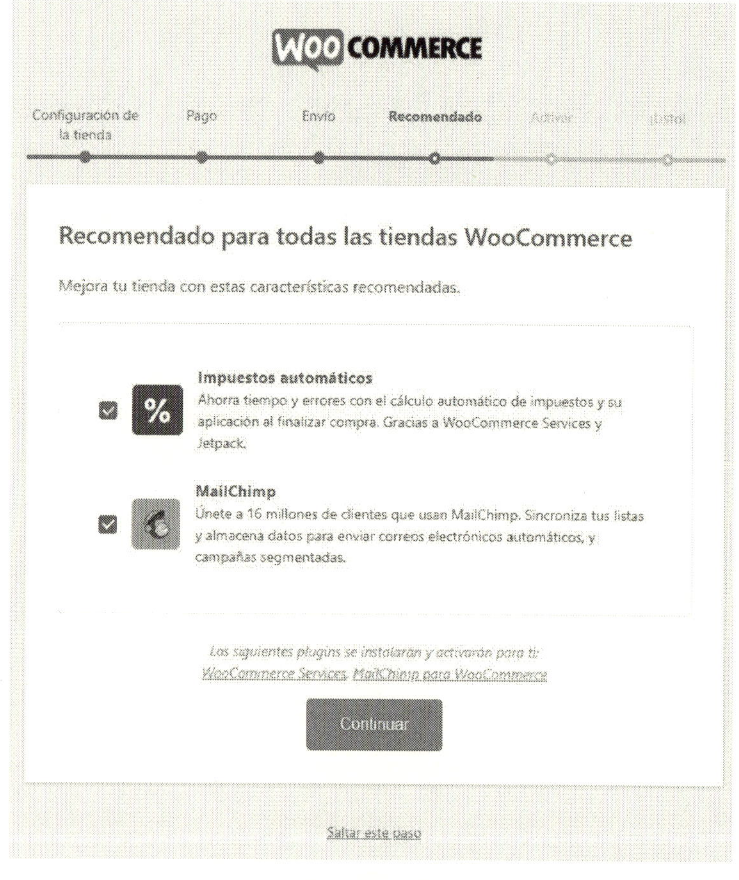

El siguiente paso, llamado "activar", nos propone activar "Jetpack", un plugin para WordPress muy polivalente que se podría definir como un *"plugin* de *plugins"*. Sus funcionalidades incluyen muchos elementos básicos que, sin Jetpack, nos obligarían a ir buscando diversos *plugins* que las fuesen realizando (compartir nuestros artículos directamente en redes sociales, botones para que los visitantes puedan compartir nuestros artículos, estadísticas, etc.).

Si no queremos instalarlo, bastará con pulsar el enlace "saltar este paso" que encontraremos en la parte inferior.

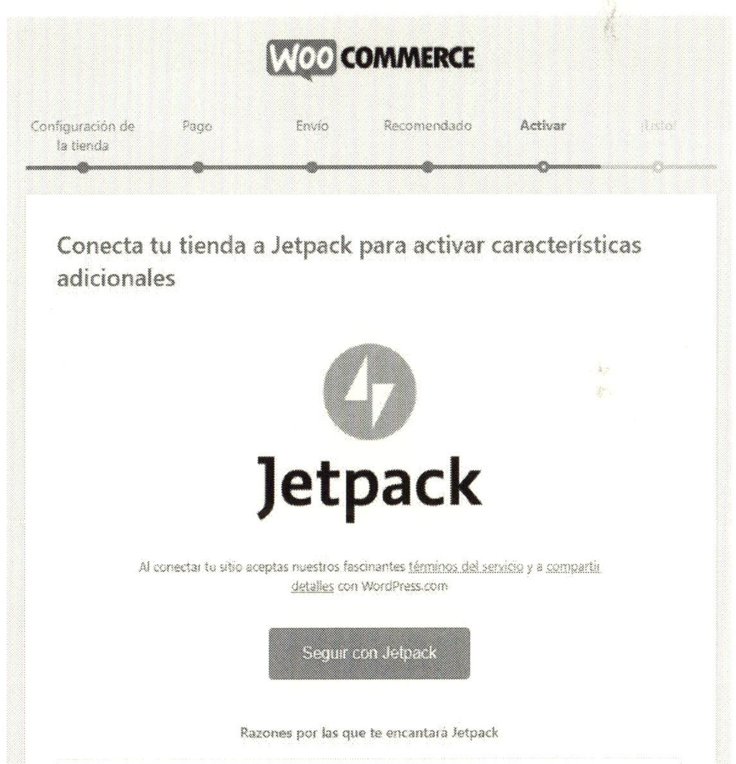

Por último, el sistema nos confirmará que ya estamos listos para vender (aunque seguramente todavía nos falten muchos elementos por configurar). Esta ventana nos permitirá empezar a crear productos o importar un CSV con ellos si ya teníamos creada una tienda *online* previa. Mi recomendación es que, de momento, pulsemos en "visitar el escritorio" para terminar de dejar listo nuestro WordPress antes de empezar a gestionar la tienda *online*.

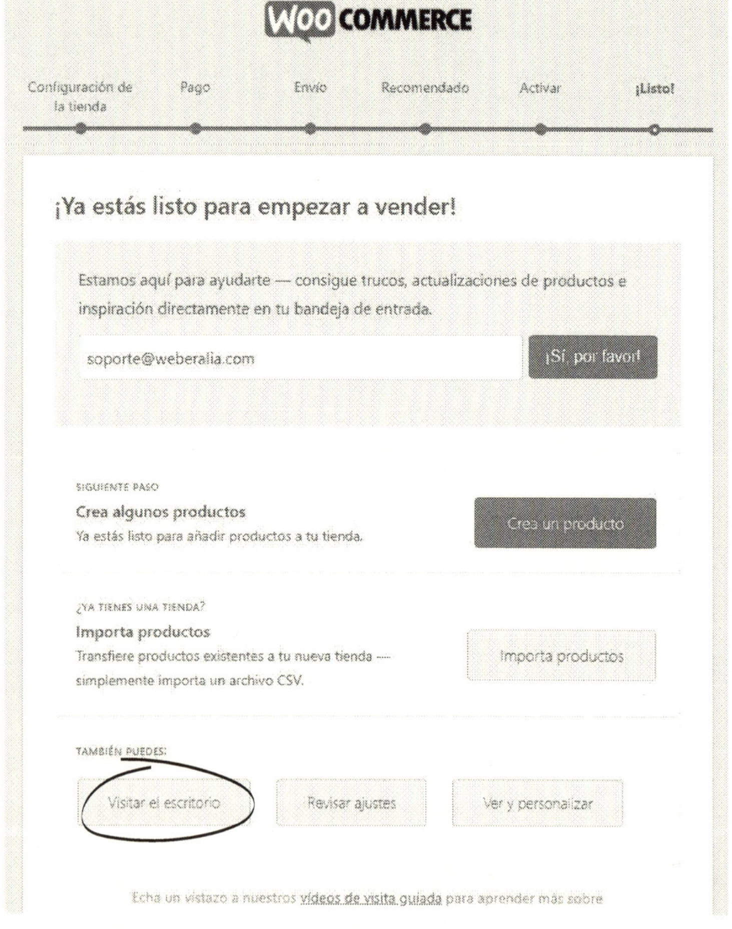

Repaso al funcionamiento de WordPress

Puesto que WooCommerce es "únicamente" un *plugin* de WordPress, necesitamos tener unas nociones básicas sobre su funcionamiento para poder personalizar la portada de la tienda, el *blog* (muy recomendable para ayudarnos a posicionar) o las páginas estáticas (quiénes somos, dónde estamos, contacto, etc.).

Apariencia

La apariencia de nuestra tienda *online* es fundamental, no solo por estética, sino también por usabilidad. Debemos buscar un diseño limpio y en el que los usuarios encuentren fácilmente lo que necesitan, ya que si les cuesta demasiado trabajo encontrar un producto o finalizar la compra, seguramente se vayan a otra tienda diferente.

Lo primero que tenemos que hacer respecto a la apariencia es elegir un tema adecuado a nuestras necesidades. Puesto que vamos a montar una tienda *online*, es muy recomendable que utilicemos un tema que esté pensado para trabajar con WooCommerce, y de esta forma la integración será perfecta desde el principio.

Existen cientos de *webs* en las que seguro que encontraremos algunos temas que nos interesen. No obstante, conviene echar un vistazo al catálogo de temas gratuitos que WordPress nos ofrece. Para ello, desde el panel de administración de nuestra *web* debemos dirigirnos a apariencia > temas > añadir nuevo.

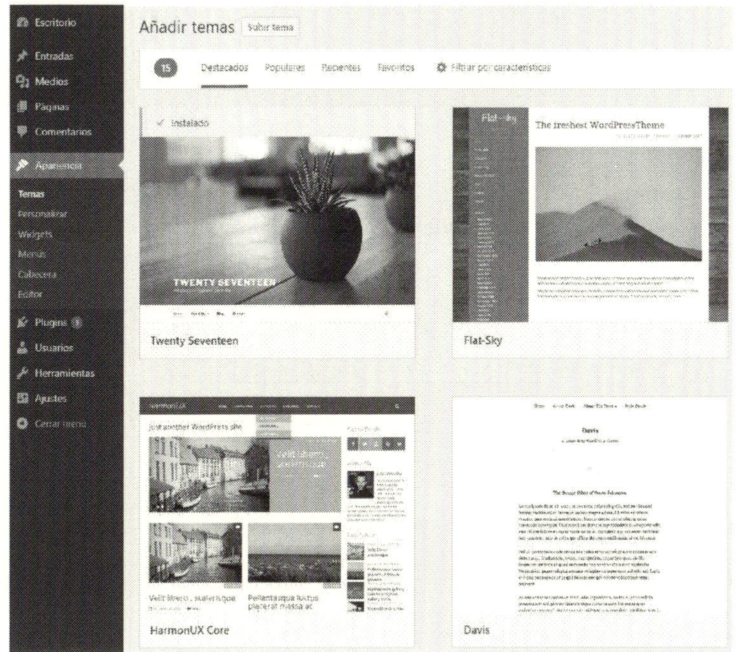

Instalación

En caso de que nos decantemos por un tema de los que nos ofrece WordPress en su catálogo, la instalación es muy sencilla: simplemente tendremos que hacer *clic* en el botón "instalar" que encontraremos bajo el tema deseado:

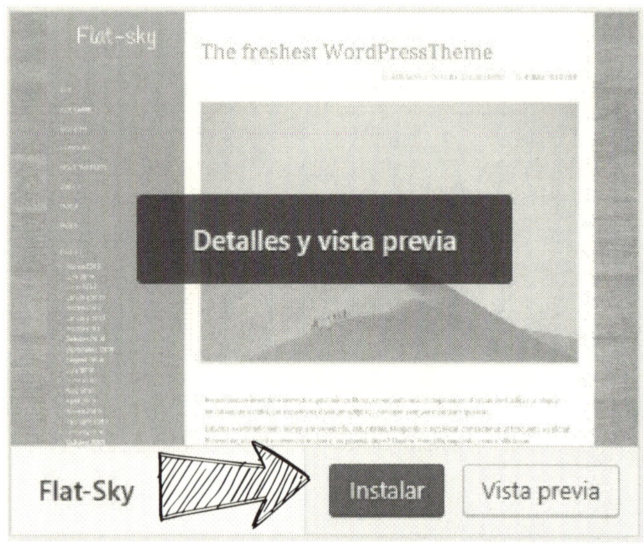

Una vez instalado, solo tendremos que hacer clic en el botón "activar":

En caso de que descarguemos un tema desde una *web* externa, obtendremos un archivo comprimido que contendrá los diferentes archivos php, css, etc. que componen el tema:

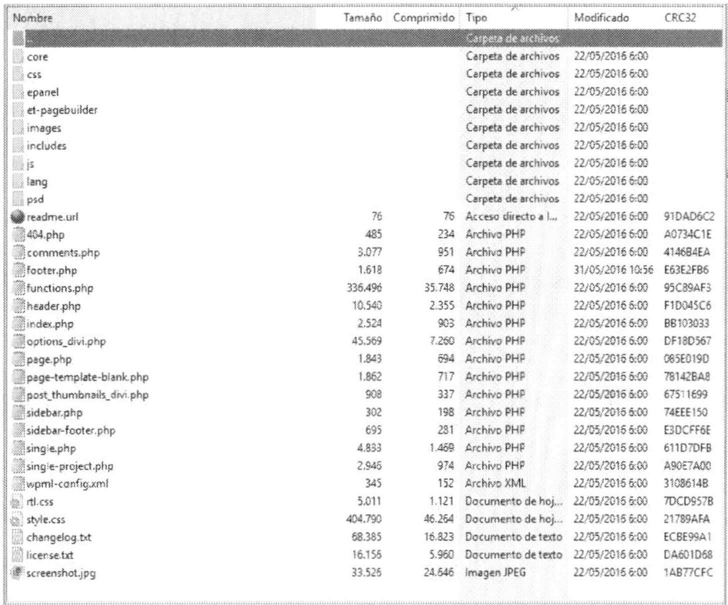

Para instalarlo, deberemos dirigirnos a: apariencia > temas > añadir nuevo > subir tema, y en el sistema de subida de archivos que nos aparecerá, hacer *clic* en "seleccionar archivo" y subir el fichero comprimido completo:

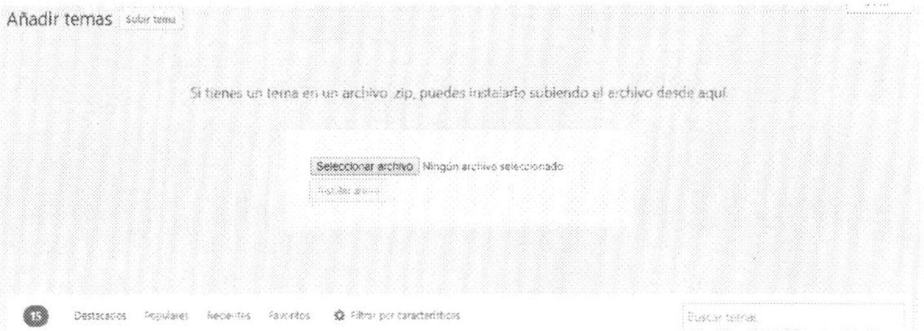

Algunos temas descargados son entregados mediante un archivo comprimido que, aparte del tema, incluye otros elementos como documentación, archivos de edición de imagen, etc. Este archivo comprimido nunca sería el que tendríamos que subir a nuestro WordPress, sino que tendríamos que extraer únicamente el archivo que incluya la estructura del tema.

Cuando tengamos el tema subido, nos saldrá un aviso informándonos de que se ha instalado con éxito. Bajo este aviso, nos aparecerá un botón de "activar" que deberemos pulsar para empezar a utilizar el tema.

Una vez tengamos el tema instalado y activado, ya podremos personalizarlo. Para ello, siempre es recomendable leer la documentación del tema elegido, ya que cada uno puede tener un sistema de gestión diferente, aunque por norma general las gestiones básicas de personalización siempre las solemos encontrar en el apartado apariencia > personalizar.

Entradas y páginas

La estructura principal de WordPress se basa en **entradas** y **páginas**.

Las entradas son todos los artículos de texto dinámicos, es decir, los que utilizaremos en el *blog* de nuestra tienda *online*. Las páginas son aquellos artículos de texto que siempre permanecen fijos. En caso de una tienda *online*, lo más habitual es utilizar las páginas para inicio, quiénes somos, dónde estamos, contacto, política de privacidad, cómo comprar, etc. El sistema de creación de cada una de ellas es sencillo, simplemente tendremos que acceder a cada una de ellas desde los elementos "entradas" o "páginas" que encontraremos en nuestro menú de WordPress.

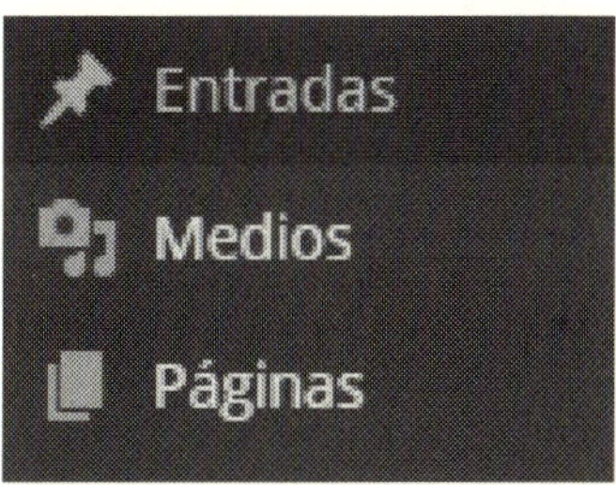

Dentro de cada uno de ellos, encontraremos todas aquellas páginas/entradas que tengamos creadas y el botón "añadir nueva" para crear una nueva.

Si entramos en cada una de ellas (excepto en "tienda", que funciona diferente), encontraremos un *shortcode*, es decir, un pequeño código entre corchetes, que cuando es detectado por WordPress, muestra cierto contenido previamente programado. Si lo deseamos, podemos añadir contenido antes o después de él.

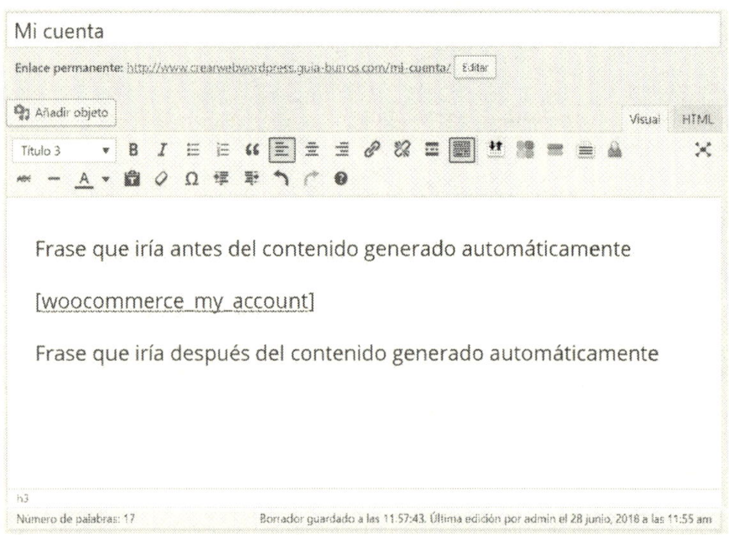

Ajustes de la tienda

Ha llegado el momento de realizar uno de los procesos más importantes de nuestra tienda *online*. Configurarla para que funcione completamente a nuestro gusto.

Para iniciar la configuración, debemos acceder a **WooCommerce > Ajustes.**

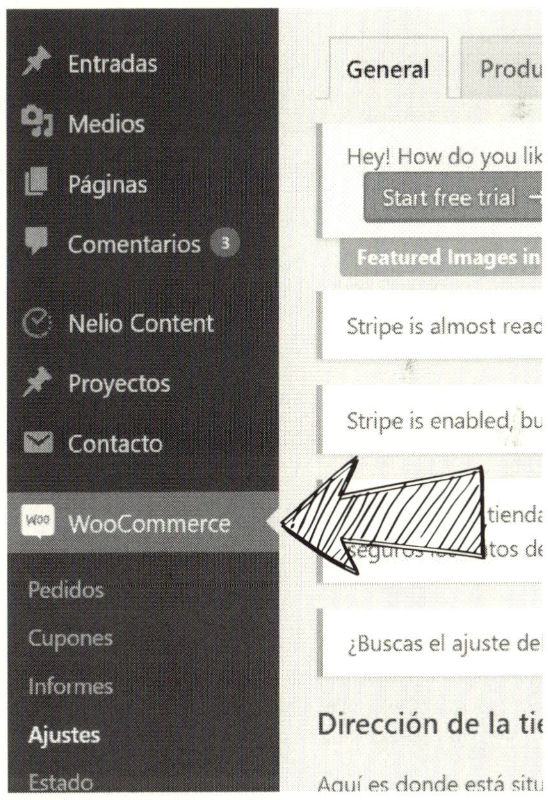

Al hacerlo, encontraremos un sistema de pestañas para ajustar cada uno de los elementos de nuestro WooCommerce.

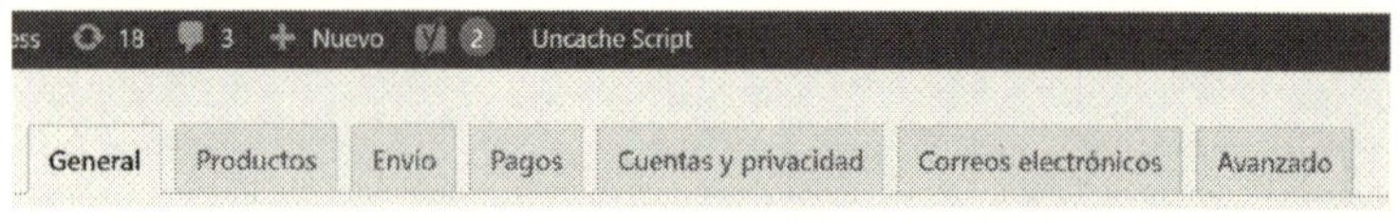

General

Desde este apartado configuraremos principalmente elementos geográficos:

- **Ubicación principal:** Será el país y provincia desde el que estemos operando con nuestra tienda. Los impuestos se basarán en él.

- **Ubicación(nes) de venta**: Nos permitirá elegir a qué países queremos vender (Ojo, no es lo mismo vender que enviar). Tendremos tres opciones:

  - Vender a todos los países.

  - Vender a todos los países, excepto a… (Al elegirlo nos permitirá seleccionar los países a los que no queremos vender).

  - Vender a países específicos. (Al elegirlo nos permitirá seleccionar los países a los que queremos vender.

- **Ubicación(nes) de envío**: Nos permitirá seleccionar a qué lugares queremos realizar envíos. En muchas tiendas puede parecer obvio que se envíe a los mismos lugares a los que se vende, pero no siempre tiene por qué ser así. Por ejemplo, si en nuestra tienda vendemos productos tanto físicos como digitales, es posible que solo queramos realizar envíos de productos físicos a nuestro propio país o continente, pero que queramos vender productos digitales a todo el mundo. Este elemento nos da cuatro opciones:

- Enviar a todos los países a los que vendes.
- Enviar a todos los países.
- Enviar solo a países específicos. (Al elegirlo nos permitirá seleccionar los países a los que queremos realizar envíos).
- Desactivar envío y cálculos de envío. (Esta opción principalmente nos servirá si nuestra tienda se dedica exclusivamente a la venta *online*, a prestar servicios o casos similares.

- **Ubicación del cliente por defecto**: Será la opción en la que se considere que está el cliente antes de que introduzca sus datos. Se utilizará a efectos de impuestos y envíos. Tenemos las siguientes opciones:
  - **Sin ubicación por defecto**: No se autodeterminará la ubicación.
  - **Dirección principal del negocio**: Utilizará la dirección que tengamos establecida para nuestra tienda.
  - **Geolocalizar:** El sistema utilizará la ubicación de nuestros clientes, y mediante la base de datos GeoLite de MaxMind se basará en su dirección.
  - **Geolocalizar (con soporte caché)**: Igual que el anterior, pero utilizará el caché del navegador para mejorar su funcionamiento.

- **Activar impuestos:** Por norma general, esta opción deberá estar activada, ya que en caso contrario realizaríamos las ventas sin aplicar el impuesto correspondiente. Ojo, más adelante veremos la opción de mostrar los productos en el catálogo sin impuestos (para realizar el cálculo posteriormente en el momento de la compra).

- **Aviso en la tienda:** Al marcar esta casilla, nos permitirá mostrar un mensaje de aviso en toda nuestra tienda. Esto nos será muy útil, por ejemplo, cuando la tienda esté en construcción, para avisar a los clientes de las circunstancias concretas que deban tener en cuenta. También se puede usar para mostrar determinadas ofertas especiales, avisar de un cierre temporal de la tienda, etc.

- **Moneda**: Será la moneda que se utilizará para mostrar los productos en el catálogo y procesar los pagos. Cabe la posibilidad de utilizar más de una moneda mediante *plugins*, por ejemplo con WooCommerce Multi Currency (gratuito).

- **Ubicación de la moneda:** Es el lugar al que se muestra el símbolo de la moneda que estamos utilizando respecto a la cifra. Normalmente este elemento no necesitaremos modificarlo, ya que el sistema coge automáticamente la posición comúnmente utilizada en la moneda que hayamos seleccionado. Tendremos cuatro opciones:
  - Izquierda (€5.95)
  - Derecha (5.95€)
  - Izquierda con espacio (€ 5.95)
  - Derecha con espacio (5.95 €)

- **Separador de miles:** Será el carácter que el sistema introducirá en aquellas cifras que superen los 999,99 €. Igual que en el caso anterior, el sistema cogerá automáticamente lo recomendado para la moneda que estamos utilizando.

- **Separador decimal:** Será el carácter que aparecerá en todos nuestros precios de tipo decimal. También se establecerá automáticamente en función de la moneda utilizada.

- **Número de decimales:** Nos permite establecer la cantidad de cifras que habrá tras el separador decimal. Generalmente se utilizan dos caracteres. El sistema redondea automáticamente.

> **¡OJO!**
>
> Siempre que hagamos cambios, debemos hacer *clic* en el botón "guardar los cambios" que aparece en la parte inferior de la pantalla.

Productos

La segunda pestaña que encontramos en la configuración de nuestra tienda es la de "productos". Desde aquí podremos configurar todos elementos relacionados con los productos que tenemos en venta.

Debemos fijarnos en que, dentro de esta pestaña, encontramos diversas subpestañas (general, mostrar, inventario y productos descargables). Vamos a estudiarlas una a una.

General

- **Unidad de peso:** Definirá la unidad de medida que utilizará nuestra tienda para definir los pesos. Es importante que siempre introduzcamos los pesos de los productos correctamente, ya que se utilizarán para calcular los costes de envío cuando corresponda.

- **Unidad de las dimensiones.** Su funcionamiento es igual que el de los pesos, pero en este caso configuraremos la unidad de medida de las longitudes de nuestros productos.

- **Activar las valoraciones:** Permitirá a nuestros clientes poner comentarios valorando los productos que han comprado. De esta forma orientarán a los futuros clientes y, en caso de que estos análisis sean positivos, les animará a comprar determinado producto.

  Debemos valorar si merece la pena activar esta opción ya que, si los productos que vendemos no tienen la suficiente calidad y se les valora negativamente, perderemos ventas sin obtener ningún beneficio a cambio.

- **Mostrar la etiqueta "propietario verificado" en las valoraciones de los clientes.** Mostrará esta etiqueta automáticamente en las valoraciones escritas por compradores reales de nuestra tienda.

- **Las reseñas solo las pueden dejar "propietarios verificados":** Podremos marcar esta opción para que la gente que no ha comprado el producto en nuestra tienda, no pueda valorarlo, así evitaremos que los trolls y gente con intereses externos nos ensucien la web.

- **Activar valoraciones con estrellas en las reseñas:** Añadirá un sistema de cinco estrellas a las valoraciones, de forma que los clientes valorarán los productos de una a cinco estrellas.

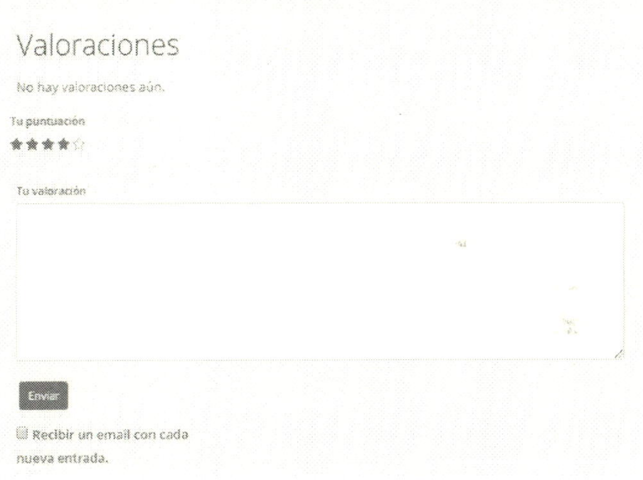

- Al tenerlo activado, se nos mostrará la opción: "las valoraciones con estrellas deberán ser obligatorias, no opcionales".

Mostrar

La siguiente pestaña dentro de productos será "mostrar". Este apartado nos servirá principalmente para configurar la visualización del catálogo de nuestra tienda.

Encontramos los siguientes elementos:

- **Página de la tienda:** Será la página "base" de nuestro WordPress sobre la que se mostrará nuestro catálogo y nuestros productos (cuando se acceda a ellos de forma individual). Como ya vimos anteriormente, al instalar WooCommerce se crean automáticamente las páginas necesarias para su funcionamiento (vacías si no contamos con el propio contenido de WooCommerce). En este caso, WooCommerce utilizará la página que creó automáticamente llamada "tienda". Podremos elegir cualquier otra página que tengamos creada desde este selector.

- **Visualización de la página de la tienda:** Desde este selector podremos elegir qué se mostrará al entrar en nuestra página de tienda.
    - **Mostrar categorías:** Se visualizarán únicamente las categorías principales y el cliente tendrá que pulsar en la que corresponda con el producto que está buscando.
    - **Visualizar productos**: Se mostrarán directamente los productos de la forma que tengamos establecida.
    - **Mostrar categorías productos:** Combinará las dos anteriores.

- **Orden de productos por defecto:** Desde aquí podremos seleccionar el orden que tendrán los productos.

- **Comportamiento de añadir al carrito**: Desde aquí podremos elegir "redirigir a la página del carrito tras añadir productos con éxito" (recomendado cuando vendamos productos que generalmente se compren individualmente para agilizar la compra) y "activar botones AJAX de añadir al carrito en los archivos".

- **Imágenes del producto:** Podremos elegir las dimensiones que tendrán las imágenes del catálogo, de la página individual del producto y de las miniaturas de la galería de imágenes del producto. Si dejamos desmarcada la opción "¿recortar imagen?", el sistema la redimensionará (pudiendo quedar deformada), mientras que si la marcamos, la recortará para que no ocurra este problema.

Inventario

Este apartado será necesario utilizarlo siempre que queramos que el *stock* de la tienda sea gestionado automáticamente. Existen diversos motivos para no utilizarlo; por ejemplo, que vendamos bajo pedido, que tengamos nuestro propio inventario por vender a través de otros medios o que nuestras ventas sean de descargas o servicios.

Para activar este sistema, tendremos que marcar la opción "activar la gestión de inventario". Al hacerlo, nos aparecerán las diferentes opciones necesarias para su configuración.

- **Mantener en inventario (en minutos)**: Aquí podremos introducir el período de tiempo en minutos en el que un producto se mantendrá fuera de inventario por estar en un pedido pendiente de pago. Si dejamos en blanco este campo, no se realizará esta función.

- **Notificaciones:** Nos enviará un correo electrónico a la dirección o direcciones que tengamos indicada en el campo "destinatario(s) de los avisos" cuando haya pocas existencias de un producto o se haya agotado.

- **Destinatario(s) de los avisos:** Rellenaremos la dirección o direcciones de correo a la que llegarán los avisos anteriores. Para introducir varias direcciones, tendremos que hacerlo separándolas por comas.

- **Umbral de pocas existencias:** Será el número de *stock* necesario para que el sistema nos envíe el aviso de pocas existencias.

- **Umbral de inventario agotado:** Será el número de *stock* necesario para que el sistema nos envíe el aviso de que se ha agotado el producto.

- **Visibilidad de inventario agotado:** Nos permite ocultar en el catálogo los productos agotados, es decir, evitar que se muestren en el catálogo cuando su *stock* sea 0 (o el número que hayamos indicado en el campo superior).

- **Formato de visualización del inventario:** Nos permite seleccionar el comportamiento de la tienda respecto a la información sobre el inventario mostrada al cliente. Podemos hacer que el cliente nunca vea cuantos productos quedan en *stock*, que pueda verlo solo cuando esté en el umbral de pocas existencias o que pueda verlo siempre.

Productos descargables

Desde aquí configuraremos las opciones relativas a productos descargables que tengamos a la venta:

- **Método de descarga de archivos:** Si seleccionamos "Forzar descargas" las URL de descarga se mantendrán ocultas pero puede que algunos servidores sirvan los archivos pesados de forma poco segura. Si tu servidor es compatible con mod_xsendfile, podrás seleccionar X-Accel-Redirect / X-Sendfile.

- **Restricción de acceso:**

  - **Las descargas requieren inicio de sesión:** Si activamos esta opción, cuando el cliente quiera realizar una descarga utilizando el enlace recibido en su correo electrónico, deberá iniciar sesión. Esto hará que el proceso para él sea algo más incómodo, pero nos servirá para evitar fraude. No obstante, más adelante veremos cómo establecer un límite de descargas por cada enlace. Si hemos configurado que sea posible realizar compras como invitado, es decir, sin necesidad de registro, este ajuste no se aplicará.

  - **Permitir acceso a los productos descargables después del pago:** Marcando esta opción, el cliente podrá descargar el producto directamente tras el pago, ya sea mediante el enlace que le aparecerá tras completar este proceso o a través del enlace que recibirá automáticamente por correo electrónico. Si no la marcamos, el cliente no podrá realizar la descarga hasta que hayamos marcado el pedido como "completado".

Impuestos

Esa pestaña es de suma importancia, ya que una mala configuración de los impuestos en nuestra tienda puede sernos muy perjudicial.

Antes de nada, debemos ser conscientes de los tipos de impuestos aplicables en nuestro país o territorio y saber cuáles aplican a los productos que estamos vendiendo.

Opciones de impuestos

- **Precios con impuestos incluidos:** Aquí deberemos indicar si los precios que vamos a introducir tienen incluidos los impuestos o no. Por defecto vendrá activada la opción "sí, voy a introducir los precios con impuestos incluidos", pero en muchas ocasiones nos interesará cambiarlo, especialmente si la introducción de los productos la hacemos basándonos en las tablas de precios de los proveedores, que por norma general vendrán sin impuestos.

- **Calcular impuesto basado en...:** Con esta opción seleccionaremos el comportamiento de la tienda cuando un cliente haga un pedido. De este modo podemos hacer que si un cliente compra desde un país diferente al de nuestro negocio, los impuestos que se apliquen sean los de su país.

- **Clase de impuesto por envío:** Aquí seleccionaremos la tasa de impuesto aplicable por envío. Por norma general mantendremos "tasa de impuesto por envío basado en los productos del carrito".

- **Redondeo:** Podremos seleccionar que al calcular los impuestos del carrito, el redondeo se haga en base al subtotal en lugar de hacerse por cada producto.

- **Clase de impuestos adicionales:** Cuando vayamos a vender productos con impuestos diferentes a los habituales, podremos añadirlos aquí (uno por cada línea). Más adelante configuraremos sus reglas.

- **Mostrar precios en la tienda:** Desde esta opción podremos seleccionar si los precios mostrados a nuestros clientes en el catálogo y en la vista individual de cada producto, incluyen o no los impuestos que correspondan.

- **Mostrar precios en el carrito y en el pago:** Seleccionaremos si el precio que aparece en cada línea del carro tiene incluido el impuesto correspondiente.

- **Sufijo a mostrar en el precio:** Esta opción es realmente interesante, ya que nos permite mostrar de forma sencilla un pequeño texto junto al precio. De este modo, podremos poner, por ejemplo, "IVA incluido" o "impuestos incluidos", para que el cliente sepa que el precio indicado es el precio final. Esta herramienta también nos permite hacer que junto a nuestro precio con impuestos, se muestre el precio sin impuestos o que, junto a nuestro precio sin impuestos, se muestre el precio con impuestos. Para ello, simplemente tendríamos que utilizar las etiquetas {price_including_tax} (para mostrar el precio con impuestos) o {price_excluding_tax} (para mostrar el precio sin impuestos. Esta etiqueta puede ir acompañada de texto, de forma que, por ejemplo, podríamos poner "precio sin impuestos {price_excluding_tax}"..

- **Visualización del total de impuestos:** Permite que en el carrito se muestren los impuestos por separado o que se agrupen todos en un total único.

Tarifas estándar

Aquí podremos seleccionar los impuestos que se aplican según las características de la compra en condiciones normales (impuesto "estándar"). Podremos tener tantos impuestos estándar como queramos, aunque lo habitual es tener solo uno.

Cada impuesto irá en una fila donde se rellenarán los campos siguientes:

- **Código de país**: Deberemos introducir el código de dos dígitos que identifica al país al que queremos que se aplique este impuesto. Si ponemos un asterisco (*), esto querrá decir que aplica a todos los países.

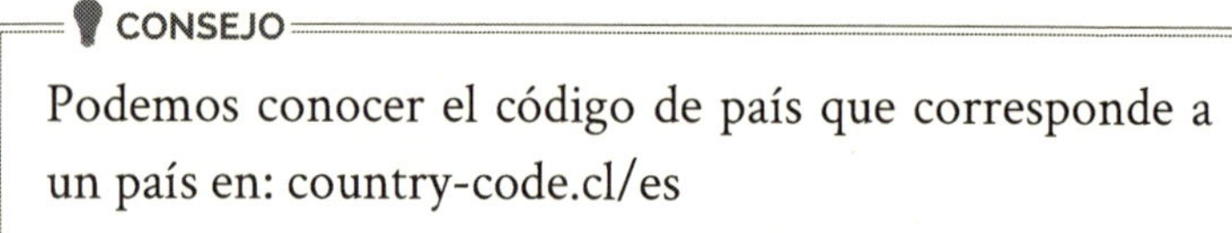

💡 CONSEJO

Podemos conocer el código de país que corresponde a un país en: country-code.cl/es

- **Código de provincia:** Igual que el anterior, pero para las provincias. En España, por ejemplo, nos sería de utilidad para las Islas Canarias.

Podemos conocer los códigos de provincia en: es.wikipedia.org/wiki/Anexo:Provincias_de_España_por_código_postal

- **Código postal:** Código postal al que se aplicaría el impuesto. No es algo que se suela utilizar, y de forma habitual se mantiene el asterisco.

- **Ciudad:** Ciudad a la que se aplicaría el impuesto. No es algo que se suela utilizar, y de forma habitual se mantiene el asterisco.

- **Tarifa:** Muy importante, ya que aquí indicaremos el porcentaje del precio base que se añadirá en forma de impuesto.

- **Nombre del impuesto:** Introduciremos el nombre del impuesto que se está aplicando a modo informativo (opcional).

- **Prioridad:** En caso de tener varios impuestos que apliquen en una misma circunstancia, se utilizará el que tenga una prioridad mayor (número inferior).

- **Compuesto:** Marcaremos esta opción si la tasa de impuesto que aplicamos es compuesta. Las tasas de impuesto compuestas se aplican antes que las demás.

- **Envío:** Nos servirá para indicar si esta misma tasa de impuesto se aplica también al coste del envío del pedido.

Tarifas tasa reducida

Su funcionamiento es igual que el de la tarifa estándar, pero lo utilizaremos para aquellos productos cuyo impuesto es inferior al habitual, por ejemplo, los libros.

Tarifas tasa cero

Su funcionamiento es igual que el de las tarifas anteriores, pero lo utilizaremos en aquellos productos en los que no tengamos que realizar una carga impositiva directa.

Envío

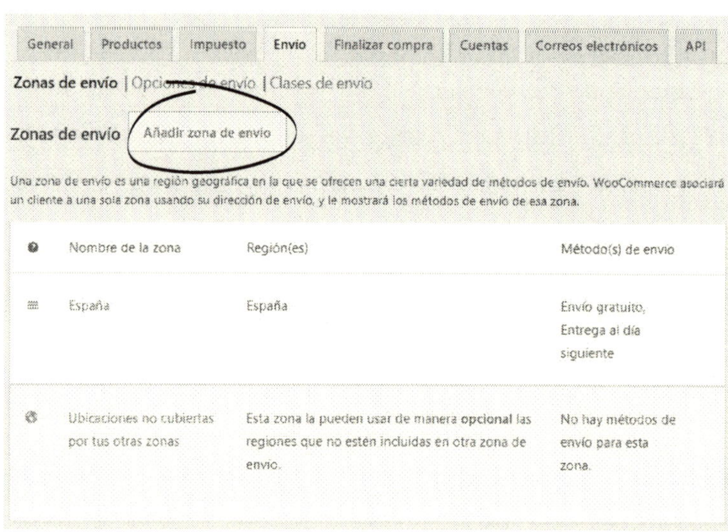

En una tienda online el envío es un elemento fundamental, ya que lo requerirán la mayoría de nuestros pedidos (a no ser que permitamos la recogida en tienda física o similar). Al entrar en la pestaña "envío", encontramos tres subsecciones: "Zonas de envío", "opciones de envío" y "clases de envío".

Zonas de envío

Para configurar un método de envío, lo primero que debemos hacer es definir las zonas de envío a las que vamos a ofrecer este servicio. Para ello, desde la subsección "zonas de envío", haremos clic en el botón "añadir zona de envío":

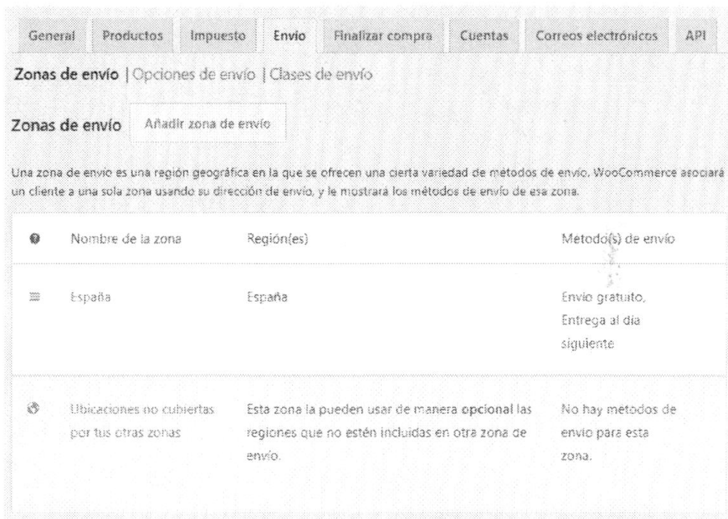

Al hacerlo, el sistema nos solicitará que indiquemos las características de la zona:

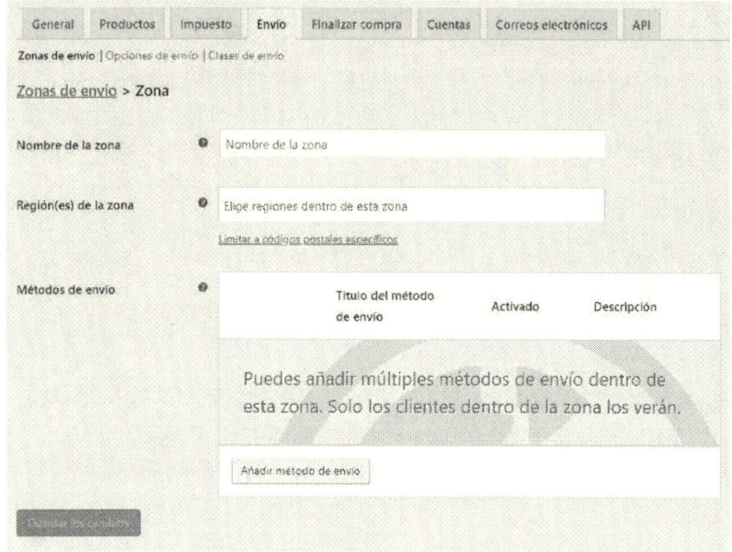

Nombre de la zona

Será el nombre que asignemos a esta zona de envío. Este nombre no será visible por nuestros clientes.

Región de la zona

Podremos indicar la zona geográfica que abarcará esta zona de envío. Podremos seleccionar países, provincias, estados, etc.

Justo debajo del cuadro "elige regiones dentro de esta zona", encontraremos un enlace que dice "limitar a códigos postales específicos". Haciendo *clic* en él, podremos hacer que este envío solo haga efecto sobre uno o varios códigos postales.

Tendremos varias opciones:

- Si queremos incluir códigos postales individuales, tendremos que añadir uno por cada línea:

- Si queremos incluir un rango de códigos postales. Por ejemplo, todos los que van del 28000 al 28010, pondremos ambos códigos unidos por tres puntos suspensivos (...). Esto sin perjuicio de poder añadir, además, códigos postales individuales:

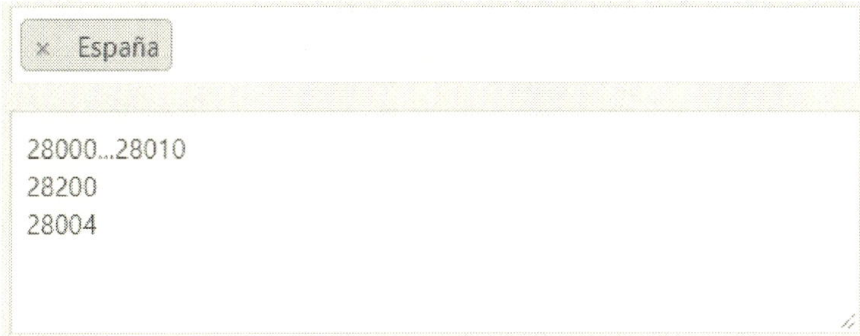

- Por último, tenemos la opción de utilizar comodines añadiendo un asterisco (*). Esto nos permitirá, por ejemplo, incluir todos los códigos postales desde el 28000 al 28999, poniendo únicamente 28*. Esto sin perjuicio de combinarlo con los elementos anteriores:

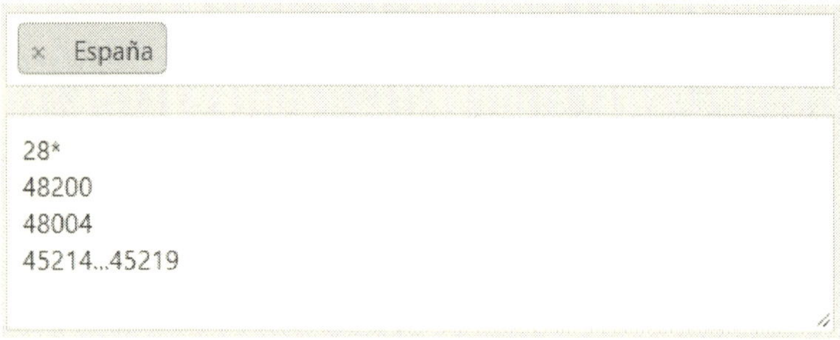

Por último, encontraremos el sistema que nos permitirá añadir métodos de envío a la zona que hemos creado. Para ello solamente tendremos que hacer *clic* en el botón "añadir método de envío":

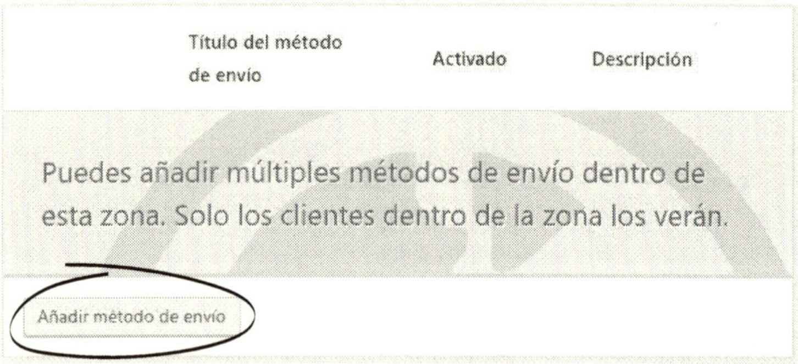

Al hacerlo, se nos abrirá un *pop-up* que nos permitirá seleccionar, mediante un desplegable, cómo será nuestro método de envío:

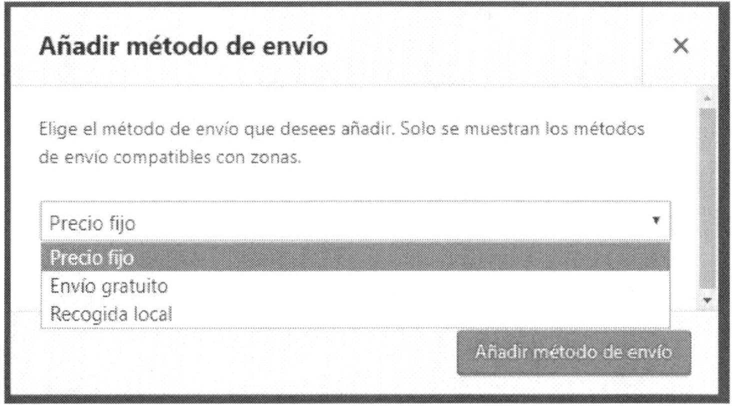

- **Precio fijo:** Al seleccionar esta opción, añadiremos un método de envío con un precio único para la zona que estamos gestionando.

Una vez hagamos *clic* en "añadir método de envío", veremos nuestro método de envío en la lista:

Para configurarlo, tendremos que hacer *clic* sobre el título "precio fijo" o sobre el botón "editar":

Al hacerlo, se nos abrirá un *pop-up* donde podremos configurar el título de este método de envío, que el usuario verá en el proceso de compra (por ejemplo, "envío express 24h"), el impuesto que se aplicará al método de envío (imponible o ninguno) y lo más importante: el coste.

- Si en el coste introducimos un único número (ya sea entero o decimal), este será el coste del envío cuando se utilice este método. Debemos tener siempre en cuenta que este precio no tiene incluidos los impuestos. Por tanto, si en el desplegable "estado del impuesto" hemos seleccionado "imponible", el impuesto se añadirá.

- Si a la cifra que indicamos le añadimos el elemento [qty], podremos realizar operaciones matemáticas entre el coste y el número de artículos. Por ejemplo, si queremos que se cobren 5 € por cada artículo del carro, introduciremos la fórmula 5*[qty]:

- Si utilizamos el elemento [cost], podremos realizar operaciones con el coste total de los artículos comprados, de forma que podríamos hacer que el coste se basase, por ejemplo, en un porcentaje del precio de la compra:

- Por último, con el elemento [fee percent=”x”], podremos añadir directamente cargos en porcentaje. Este elemento puede extenderse usando min_fee y max_fee, que determinarán el mínimo y máximo del porcentaje. Por ejemplo, si queremos que el precio del envío sea de 10 € más el 20 % del montante de la compra, con un mínimo de 4 € y un máximo de 40 €, utilizaremos la fórmula 10 + [fee percent = “20” min_fee=”4” min_fee=”40”]:

- **Envío gratuito:** Simplemente nos permitirá añadir un envío gratuito para esta zona. Una vez añadido, sus opciones son las siguientes:

- El campo "título", al igual que en el caso anterior, nos permitirá indicar el título que verán los clientes cuando puedan utilizar este método de envío.

- El campo "el envío gratuito requiere..." nos permitirá seleccionar –si es necesario– algún elemento para su aplicación:

  - N/D: Nada requerido.

  - Un cupón válido de envío gratuito: Requerirá un cupón que, en el momento en que lo creemos, tenga marcada la opción "permitir el envío gratuito". Lo estudiaremos más adelante.

  - Una cantidad mínima de pedido: Será necesario que el cliente realice una compra por un importe superior al que especifiquemos en el campo "cantidad mínima de pedido", que encontramos justo debajo. Nos será de mucha utilidad para promocionarnos.

  - Una cantidad mínima de pedido **o** un cupón: Combina las dos opciones anteriores, pudiendo usar una u otra indistintamente

- Una cantidad mínima de pedido y un cupón: Igual que el anterior, pero en este caso requiere que se cumplan las dos acciones.

- Recogida local: Utilizaremos este método cuando dispongamos de una o más localizaciones físicas en las que podremos entregar el pedido a nuestros clientes.

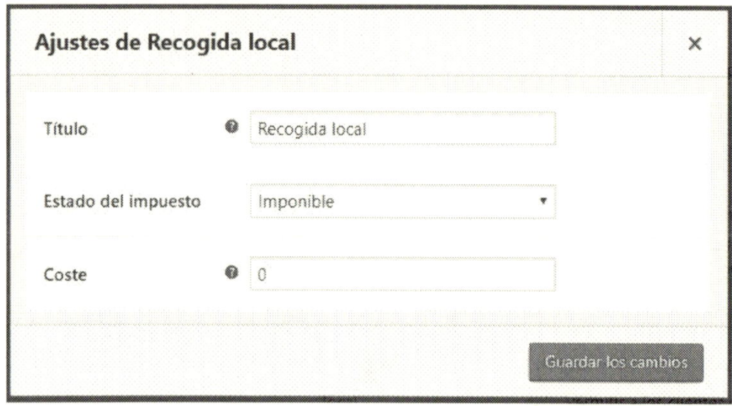

- Los campos de este método de envío son iguales que los que hemos estudiado en "precio fijo".

Opciones de envío

Una vez creada nuestras zonas, pasamos a la siguiente sub-pestaña de la sección "envío", llamada "opciones de envío". En ella, encontramos las siguientes opciones:

- Activar la calculadora de envíos en la página de compra: Esto permitiría al usuario ver desde su carrito de forma rápida el coste que tendría el envío de su compra, en función de la localización de envío que seleccione:

Total del carrito

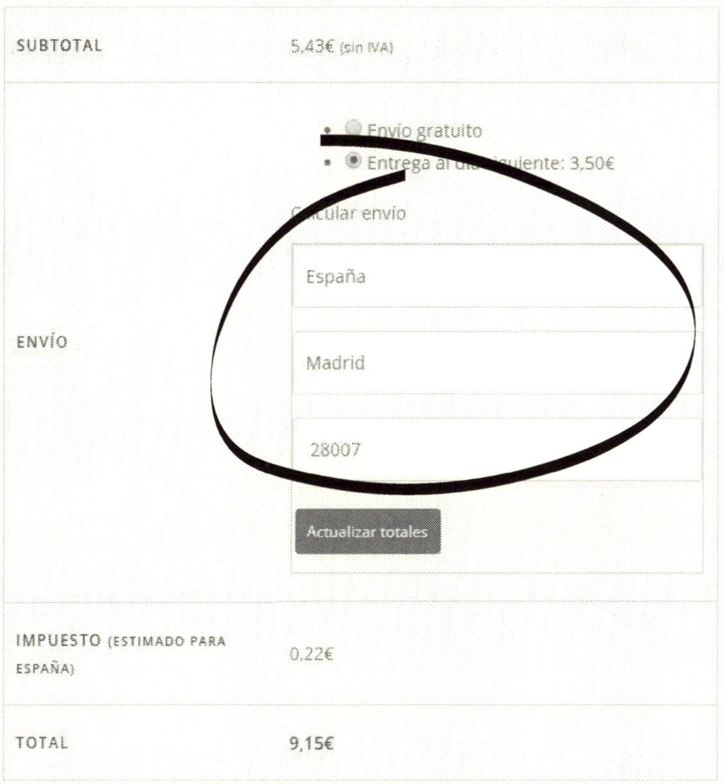

Si no seleccionamos esta opción, el usuario no verá el coste de su envío hasta que haya introducido todos sus datos en el proceso de compra.

- Ocultar los gastos de envío hasta que se introduzca una dirección: Esta opción no suele ser recomendable, ya que siempre conviene que el usuario sepa lo que le va a costar el envío cuanto antes. Con esta opción marcada, el usuario solamente verá el coste de envío en la parte final del proceso, justo antes de pagar.

- **Destino del envío**: Desde aquí controlaremos la dirección de envío que se utilizará por defecto. Podrá ser:

  - **Por defecto a la dirección de envío del cliente:** A la hora de proceder a realizar la compra, al cliente se le mostrarán directamente dos cuadros, uno para introducir la dirección de facturación y otro para introducir la dirección de envío. El cliente siempre podrá desmarcar la opción "¿enviar a una dirección diferente?", para que el pedido sea enviado a la misma dirección que introduzca en el cuadro de facturación:

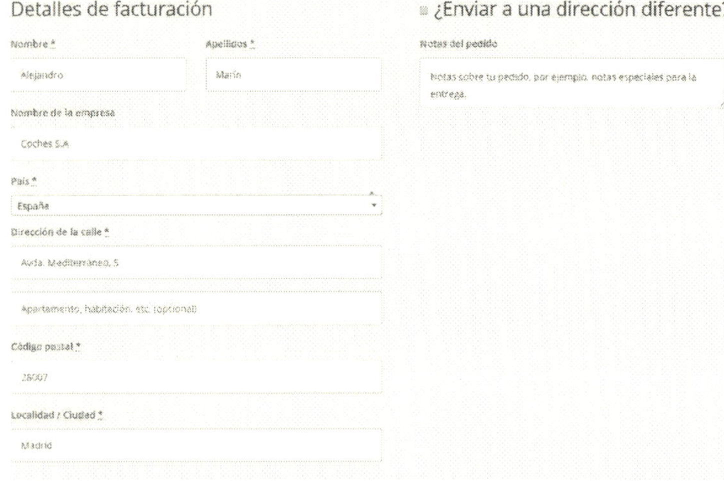

  - **Por defecto a la dirección de facturación del cliente:** Con esta opción, cuando el usuario vaya a introducir sus direcciones, inicialmente solo le aparecerá un cuadro para introducir sus datos, de forma que si solo rellena este, tanto el envío como la facturación se realizarán a la misma dirección.

El usuario siempre podrá seleccionar el envío a una ubicación diferente marcando la opción "¿enviar a una dirección diferente?":

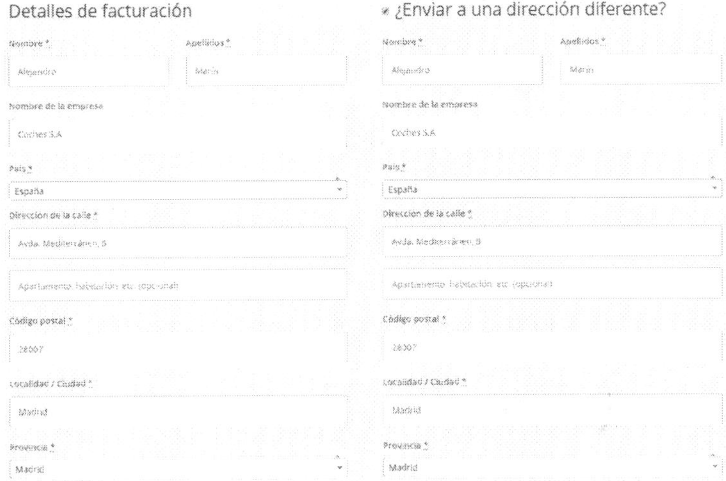

- **Forzar el envío a la dirección de facturación del cliente:** Con esta opción solo se permitirá al cliente introducir una dirección, que será utilizada tanto para la facturación como para el envío:

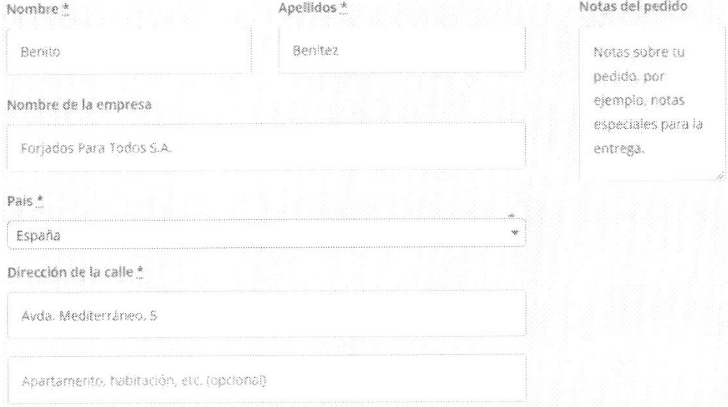

- **Modo depuración:** Esta opción solo deberíamos tener que utilizarla si tenemos problemas. Al activarla, cuando el usuario vaya a proceder a finalizar la compra, el sistema mostrará las zonas de envío y se saltará lo que tenga guardado en memoria caché respecto a las tasas de envío.

Clases de envío

La última sub-pestaña que nos encontramos es "clases de envío". Este apartado nos puede ser de gran utilidad si enviamos productos muy dispares que requieran diferente trato al empaquetarlos y/o enviarlos y que, por tanto, tengan que tener costes diferentes.

Veamos como funciona:

- En primer lugar, tendremos que crear la clase de envío, para lo que pulsaremos en "añadir clase de envío" e introduciremos:
  - **Nombre de la clase de envío.**
  - **Slug:** El nombre que tendrá la clase en las URL en las que aplique. Es opcional, y si lo dejamos vacío utilizará el nombre.
  - **Descripción para tu referencia:** Es opcional y nos servirá para que nosotros y/o nuestro equipo sepan para qué sirve esta clase de envío concreta

- A continuación, hacemos *clic* en "guardar clases de envío".

- Con la clase ya creada, nos dirigiremos a "zonas de envío" y entramos a editar la zona de envío en la que queramos que se pueda aplicar esta clase de envío.

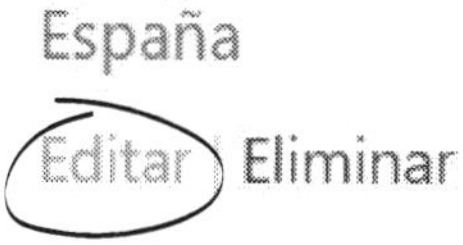

- Y entramos al método de envío al que queramos aplicar esta clase de envío:

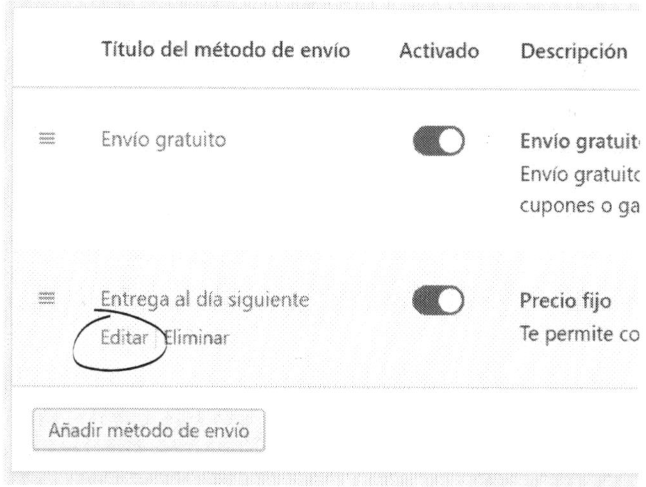

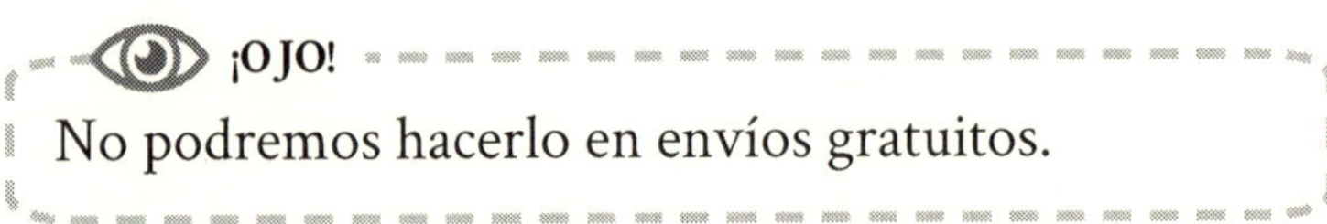

No podremos hacerlo en envíos gratuitos.

- Una vez dentro veremos que nos aparecen nuevas opciones que nos permiten configurar los costes de la clase que hemos creado:

Ajustes de Precio fijo ✕

Título del método ❷	Entrega al día siguiente
Estado del impuesto	Ninguno ▾
Coste ❷	3,50

Costes de la clase de envío

Estos costes se pueden añadir opcionalmente según la clase de envío del producto.

Coste de la clase de envío "Producto Frágil" ❷	N/D
Clase de envío sin coste ❷	N/D
Tipo de cálculo	Por clase: Cobra el envío por cada cl ▾

Guardar los cambios

En el primer campo, introduciremos el coste que tendrá un pedido con esta clase, y que podrá sumarse al coste del resto de clases del pedido si, en el selector "tipo de cálculo", elegimos "por clase". Si en este último selector seleccionamos "por pedido", únicamente se aplicará el coste de envío de la clase más cara que se esté aplicando al pedido.

> Pongamos que en nuestra tienda tenemos una clase de envío para enviar botellas de vino (y que vayan protegidas en un paquete especial) y otra clase para enviar botellas de plástico (que van en una caja normal). Si en un pedido nos piden dos botellas de refresco (plástico) y dos botellas de vino:

- Si tenemos configurado "por clase", se cobrará por un lado el envío de las botellas de plástico y por otro el de las botellas de vino. Algo que es razonable si vamos a enviarlas por separado.
- Si tenemos configurado "por pedido", únicamente se cobrará el coste del envío de las botellas de cristal (por ser el más caro), algo razonable si vamos a aprovechar el empaquetado de las botellas de cristal para introducir las botellas de plástico.

Finalizar compra

Desde esta página configuraremos todo lo que ocurre cuando el usuario ya tiene todos los productos en el carrito y está dispuesto a comprarlos.

Opciones de finalizar compra

Lo tenemos dividido en cuatro sub-apartados:

- Proceso de finalizar compra:
  - **Cupones:** Desde aquí podremos, en primer lugar, activar el uso de cupones marcando el selector correspondiente, y en segundo, elegir cómo actuarán los cupones cuando se utilice más de uno en una misma compra, de forma que se puede hacer que al aplicar varios cupones el descuento se haga sobre el precio base (para lo que no marcaríamos la opción "calcular descuentos de cupones secuencialmente"), o que se haga sobre el precio de la compra teniendo en cuenta el/los cupones ya aplicados (para lo cual sí marcaríamos esta casilla). Más adelante estudiaremos el funcionamiento del sistema de cupones.
  - **Proceso de finalizar compra:** Desde aquí, en primer lugar, podremos seleccionar la casilla "permitir finalizar la compra como invitado". Al hacerlo no será necesario que los clientes se registren en la página para comprar.

> 👁 **¡OJO!**
>
> Es muy recomendable mantener esta casilla activada ya que, cuanto más demoremos y compliquemos el proceso, más fácil es que el cliente se abandone la compra.

- En segundo lugar, encontramos la opción "**forzar el pago seguro**". La seguridad de nuestros clientes se verá mejorada si lo activamos, pero para ello, es necesario que nuestra tienda, o al menos la página que utilizamos para realizar el pago, tenga configurado un certificado SSL. No obstante, es muy probable que la pasarela de pago que utilicemos funcione directamente mediante una re-dirección a un sistema seguro, en cuyo caso no sería necesario activar esta opción para garantizar la seguridad de nuestros clientes en las compras.

  - **Consejo:** Actualmente podemos encontrar los certificados SSL Let's Encrypt, que son gratuitos y funcionan perfectamente.

- **Páginas de finalizar compra:** Como ya vimos anteriormente, al instalar WooCommerce, se nos crearán automáticamente ciertas páginas necesarias para su funcionamiento. Desde este apartado podríamos cambiarlas, pero en la mayoría de los casos no será necesario. No obstante, desde este mismo apartado podremos incluir una página en la que se muestren nuestros **términos y condiciones**. Si lo hacemos, se preguntará a los clientes si los aceptan cuando realicen su compra.

- **Variables de finalización de compra:** Estas variables son elementos que se añaden a la URL para manejar algunas acciones del sistema durante el proceso de compra. Estas variables no son indexadas por los buscadores, por tanto no será necesario que las toquemos.

- **Pasarelas de pago:** Encontraremos una lista donde veremos de forma rápida las pasarelas de pago que tenemos instaladas, indicándonos si están activadas y con la posibilidad de variar su orden mediante las tres rayas que encontramos a la izquierda de cada una de ellas.

- La modificación del orden tiene cierta importancia, ya que sería recomendable que la primera pasarela de pago que aparezca sea la que más nos interese, bien porque nos cobren menos comisiones, o porque sea más rápida, más práctica, etc.

	Pasarela	ID de la pasarela	Activado
☰	Transferencia bancaria directa	bacs	..
☰	Pagos por cheque	cheque	..
☰	Contra reembolso	cod	..
☰	PayPal	paypal	✅
☰	PayPal Express Checkout	ppec_paypal	✅

Pulsando en cada uno de los sistemas de pago nos llevará directamente a su configuración, algo que también podremos hacer pulsando en la sub-pestaña que le corresponda y que encontraremos en la parte superior.

Configuración de las diferentes pasarelas de pago

Como ya hemos visto, dentro de la pestaña "finalizar compra" de los ajustes de nuestro WooCommerce encontramos, en su parte superior, las diferentes pasarelas de pago que tenemos instalada en nuestra tienda:

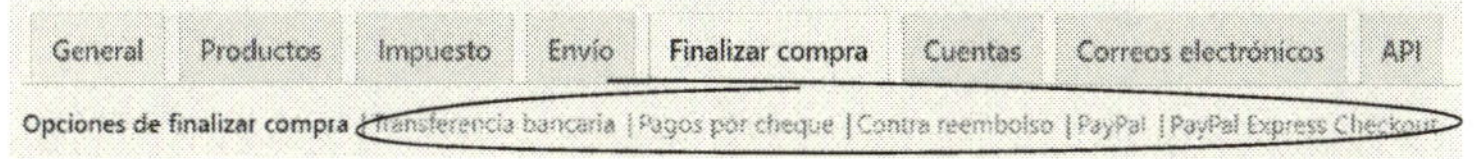

Vamos a aprender a utilizar las pasarelas de pago más habituales, ya que es imposible abarcar todo el catálogo existente. No obstante, su funcionamiento suele ser bastante similar e intuitivo.

- **Transferencia bancaria:** Este método de pago es posiblemente el menos práctico de los que vamos a estudiar, tanto para el cliente como para nosotros, pero tenemos que estudiarlo porque todavía existen bastantes usuarios que lo prefieren. Además, para nosotros tiene la ventaja de que no nos implicará ninguna comisión directa.

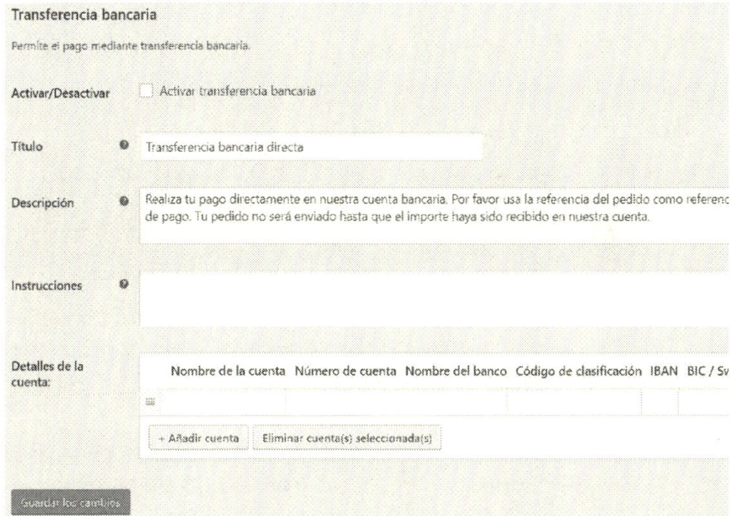

- **Activar/Desactivar:** Al entrar en este método de pago, al igual que en la mayoría, lo primero que encontramos es la opción para activarlo. Cuando lo hagamos, ya le aparecerá al cliente aunque no lo tengamos configurado. Por tanto, no debemos activarlo hasta que hayamos completado el resto de campos.

- **Título:** Será el nombre que vean nuestros clientes. Podemos cambiarlo si lo vemos necesario.

- **Descripción:** Nos servirá para explicar a nuestros clientes en qué consiste este método de pago y para darles las instrucciones oportunas. En este caso es muy importante indicar que incluyan la referencia de su pedido como referencia de pago (para facilitarnos el trabajo a la hora de comprobar a qué pedido corresponde cada pago) y que el pedido con este sistema tardará más que con otros, ya que hasta que el ingreso no aparezca reflejado en nuestra cuenta, no deberíamos realizar el envío.

- **Instrucciones:** El funcionamiento es similar a la descripción, pero estas se mostrarán en la página de agradecimiento del pedido y en los correos electrónicos enviados al cliente. Por tanto, nos serán muy útiles para recalcar cómo deben hacer el pago.

- **Detalles de la cuenta:** Aquí indicaremos el número de cuenta al que el cliente deberá enviar el pago. Podremos incluir más de una.

- **Pagos por cheque:** Este sistema está completamente en desuso, y tal y como indica el propio WooCommerce: "Permite el pago por cheque. ¿Por qué aceptar cheques a estas alturas? Probablemente no deberías, pero te permite hacer compras de prueba para probar los correos electrónicos de pedido, las páginas de 'conseguido', etc.". Es decir, es un buen sistema para hacer pruebas, pero poco más. Su funcionamiento de configuración es muy similar a la de las transferencias bancarias.

- **Pago contra reembolso:** Este sistema suele ser utilizado por personas muy desconfiadas que generalmente se acaban de iniciar en internet. En cierto modo, es recomendable tenerlo activo ya que sin él es posible que perdamos algunas ventas (cada vez menos), pero tenemos que tener siempre en cuenta el coste que supone para nosotros, ya que las empresas de mensajería cobran un extra por este servicio. Para solucionarlo, podemos utilizar el selector "activar para métodos de envío". De esta forma, podremos activar solamente el pago contra reembolso para la recogida local o para métodos de envío que tengan un coste algo más elevado.

Por último, encontramos la opción "aceptar para pedidos virtuales", algo realmente poco recomendable si nos dedicamos a venta de descargables y cuyo uso se limita casi exclusivamente a la venta de servicios. Por ejemplo, nos podría venir bien si lo que estamos vendiendo es una "experiencia" y queremos que se pueda pagar en el lugar de disfrute.

- **PayPal:** Esta opción, que a día de hoy ya viene integrada por defecto con WooCommerce, es posiblemente la opción más práctica que existe actualmente para aceptar pagos virtuales, ya que no requiere que formalicemos ningún contrato con un banco (algo que sí es necesario con los TPV virtuales). Para aceptar pagos por PayPal, lo primero que debemos hacer es crearnos una cuenta desde www.paypal.com, siguiendo los pasos allí indicados.

Hecho esto, vamos a ver las opciones que tenemos:

- **Título y descripción:** Ya estudiadas.
- **Correo electrónico PayPal:** Tendremos que indicar el correo electrónico con el que nos acabamos de registrar en PayPal. Hecho esto, en la mayoría de casos, ya estará operativo el sistema, sin necesidad de hacer nada más.
- **Entorno de pruebas de PayPal:** Generalmente no tendremos que activar esta opción. Al hacerlo, el sistema nos permitirá usar la zona de pruebas de PayPal para probar los pagos.
- **Registro de depuración:** Al activarlo, el sistema generará un archivo "log" que almacenará la información de los pagos, intentos de pago y errores que se vayan produciendo. Este archivo se guardará en nuestra carpeta wp-content/uploads/wc-logs/ paypal-4078ba13c3984f27c02537859d9f1dcc.log
- **Correo electrónico del receptor:** Solo deberemos cambiarlo si nuestra dirección principal de PayPal es diferente de introducida en "correo electrónico

de PayPal". Esto se usa para validar las peticiones.

- **Token de identidad de PayPal:** Generalmente no debemos introducir nada. Solamente lo haremos en caso de que no usemos notificaciones IPN (no recomendable). Este *token* lo encontraremos en nuestra cuenta PayPal.

- **Prefijo de factura:** Esto sirve para cuando, en una misma cuenta PayPal, tenemos configurada más de una tienda *online* con WooCommerce, ya que PayPal no permite que en una misma cuenta, se procese más de un pedido con el mismo número de factura.

- **Detalles de envío:** Esta opción la utilizaremos si utilizamos PayPal para sacar las etiquetas de envío de los pedidos. Al activarla, la dirección que se enviará a PayPal desde WooCommerce será la de envío en lugar de la de facturación.

- **Sobreescribir la dirección:** Sirve para que no se pueda modificar la dirección de envío en PayPal. No activar en condiciones normales ya que puede causar errores.

- **Acción de pago:** Desde aquí elegiremos si, cuando se produzca una compra, captamos directamente el dinero o simplemente obtenemos una autorización para capturarlo más adelante (si procede). Podría venirnos bien, por ejemplo, si queremos que la política de nuestra tienda consista en no retirar el dinero del cliente por completo hasta que hayamos realizado el envío.

- **Estilo de la página:** Dentro de PayPal podremos definir los estilos de las pantallas de pago. Tras generar un estilo, podremos hacer que se aplique a los pagos provenientes de nuestra tienda introduciendo su nombre en este campo.

- **URL de la imagen:** Podremos introducir una imagen de 150x50 px, que aparecerá en la parte superior izquierda de las pantallas de pago de PayPal al realizarse una compra proveniente de nuestra tienda.

- **Credenciales para la API:** Esta opción nos permitirá realizar reembolsos de pedidos cobrados con PayPal directamente desde WooCommerce. Para configurarlo, tendremos que generar una API a través de PayPal. Para ello, desde nuestra cuenta PayPal tendremos que acceder a configuración de la cuenta > opciones de venta > acceso de API > cambiar > integración de API/NVP/SOAP > solicitar credenciales de API y seguir los pasos.

- **Tarjeta de crédito/TPV virtual:** Vamos con el método de pago más complicado de configurar, pero a la vez el más utilizado por los clientes por norma general. Consiste, a vista del cliente, en una pasarela de pago en la que introducirá su número de tarjeta, su fecha de caducidad y el número de tres cifras que aparece en la parte posterior. Tras eso, dependerá del banco del cliente si se solicita, o no, alguna medida más de seguridad (generalmente suele ser un SMS a su teléfono móvil o la comprobación de unas coordenadas provenientes de una tarjeta proporcionada por su banco). Hecho esto, estará realizado el pedido. A vista del vendedor, un TPV virtual es un sistema proporcionado por el banco con un contrato de por medio que exige una posterior integración en su tienda *online*. Esta configuración en muchas ocasiones suele ser complicada, pero utilizando WooCommerce, será todo mucho más sencillo. En esta guía no podemos abordar el proceso de configuración completo de un TPV virtual ya que cada uno funciona de forma diferente, pero vamos a dar explicar el proceso a grandes rasgos.

- **Contratación del TPV virtual:** Como ya hemos visto, lo primero que tendremos que hacer es contratar el sistema en un banco. Aunque la gran mayoría de TPV virtuales ya tienen un plugin para una configuración sencilla en WooCommerce, conviene que nos cercioremos de su existencia antes de iniciar el proceso.

- **Configuración:** Con el TPV virtual contratado, el banco nos dará ciertas credenciales y un documento de configuración. Estas credenciales suelen ser :
  - Nombre del comercio
  - Número del comercio (FUC)
  - Número del terminal
  - Clave secreta

Con estos elementos, lo primero que deberíamos hacer es proceder a la descarga e instalación del plugin correspondiente. Hecho esto, en nuestra pestaña "finalizar compra", encontraremos un nuevo elemento que se verá más o menos así:

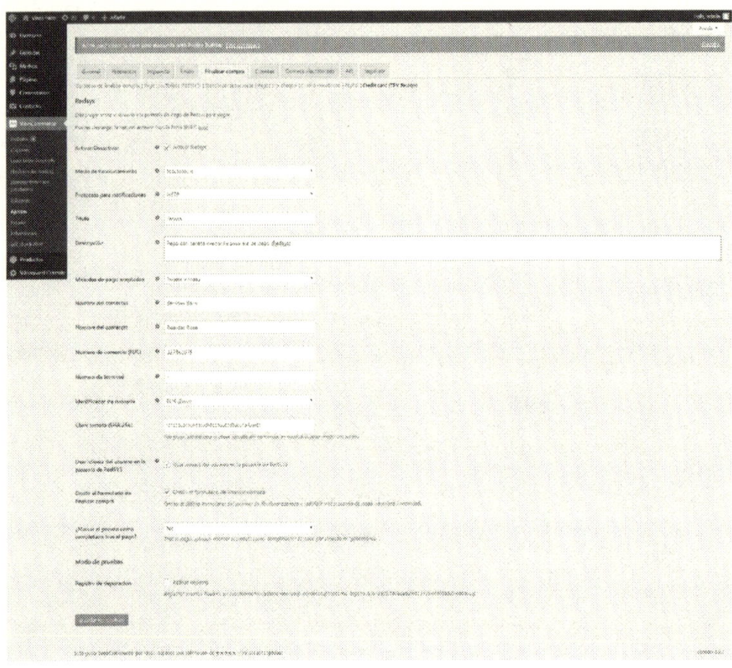

Ya solo nos quedará completar los datos y seguir las instrucciones que nos hayan indicado relativas a pruebas previas y similares.

Cuentas

Desde aquí configuraremos la gestión de las cuentas de nuestros usuarios:

- **Página de mi cuenta:** Como ya vimos, WooCommerce genera ciertas páginas al instalarse. Una de ellas es "mi cuenta", que muestra al usuario la información relativa a sus pedidos, sus direcciones de envío, etc. No deberíamos tener que modificarla.

- **Registro de usuario:** Nos permitirá activar el alta como clientes en la página "finalizar compra" y en "mi cuenta".

- **Acceder:** Permite al usuario acceder a su cuenta desde la página "finalizar compra".

- **Creación de cuenta:** Nos permitirá generar automáticamente el nombre de usuario del cliente a partir de su correo electrónico y generarle automáticamente una contraseña (que le será enviada por *e-mail*).

- **Variables de mi cuenta:** Estas variables son elementos que se añaden a la URL para manejar algunas acciones del sistema en las páginas de cuentas. Estas variables no son indexadas por los buscadores, por tanto no será necesario que las toquemos.

Correos electrónicos

Nos permitirá activar y configurar los *e-mails* que se envían automáticamente desde nuestro WordPress.

API

Serán elementos y configuraciones que puedan pedirnos ciertas aplicaciones externas. Su configuración funcionará en base a lo que indiquen esas aplicaciones.

Gestión de productos

Con nuestra tienda configurada estamos casi listos para vender, pero para ello necesitamos tener productos. Su gestión la realizaremos desde el apartado "productos" del menú de nuestro WordPress, pero antes de nada debemos definir de forma clara cómo vamos a organizarlos, ya que una mala organización y una ausencia de separación en categorías, en el futuro nos puede traer grandes problemas que requieran una reestructuración completa, algo que nos llevaría mucho trabajo.

Cuando ya sepamos cómo vamos a organizar nuestros productos, seguramente hayamos llegado a la conclusión de que tenemos que separarlos en categorías. Para crear categorías, accederemos a productos > categorías, donde las crearemos de la misma forma que se crean las categorías de las entradas de nuestro WordPress, pudiendo crear categorías dependientes de otras a través del desplegable "categoría padre":

Añadir nueva categoría

Nombre

Libros sobre Wordpress

El nombre es cómo aparecerá en tu sitio.

Slug

wordpress

El "slug" es la versión amigable de la URL del nombre. Suele estar en minúscula y contiene solo letras, números y guiones.

Categoría padre

Papel ▾

Asigna un término superior para crear una jerarquía. El término jazz, por ejemplo, sería el superior de bebop y big band.

Descripción

Aquí podrás encontrar una selección de los mejores libros sobre WordPress del panorama actual.

La descripción no suele mostrarse por defecto, sin embargo hay algunos temas que puede que la muestren.

Tipo de visualización

Por defecto ▾

Miniatura

Subir/Añadir imagen   Quitar imagen

Añadir nueva categoría

Con nuestras categorías creadas, pasamos a crear nuestros productos. Para ello nos dirigimos a productos > añadir nuevo.

Encontraremos un proceso muy similar al de la creación de entradas en WordPress, donde en primer lugar tendremos que introducir un "nombre del producto" y una descripción:

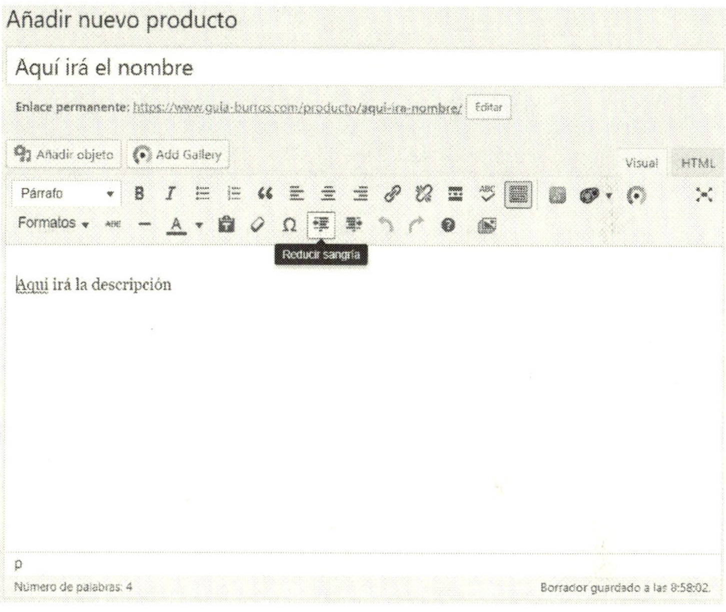

Debajo encontraremos un cuadro dividido en pestañas con lo que será la configuración del producto, y en el que en la parte superior encontraremos un desplegable para seleccionar si el producto será:

- **Producto simple:** Producto normal que se compra de la forma tradicional.

- **Producto agrupado:** Lo utilizaremos para agrupar productos que comparten muchas de sus características, permitiendo al cliente añadir al carrito alguno o varios de ellos desde una misma página de información, en lugar de tener que ir navegando producto por producto.

- **Producto variable:** No tendrá un precio fijo, sino que dependerá de las variaciones que indiquemos en la sub-pestaña "variaciones".

También podremos seleccionar si el producto será virtual, es decir, que no se entregará un producto físico ni una descarga (se utiliza principalmente para servicios) o descargable, lo que nos permitirá añadir una URL con un archivo que podrá descargar el cliente tras finalizar la compra.

En esta guía vamos a estudiar la configuración de un producto simple físico, al ser el más habitual y ser su configuración muy similar a la de los demás.

General

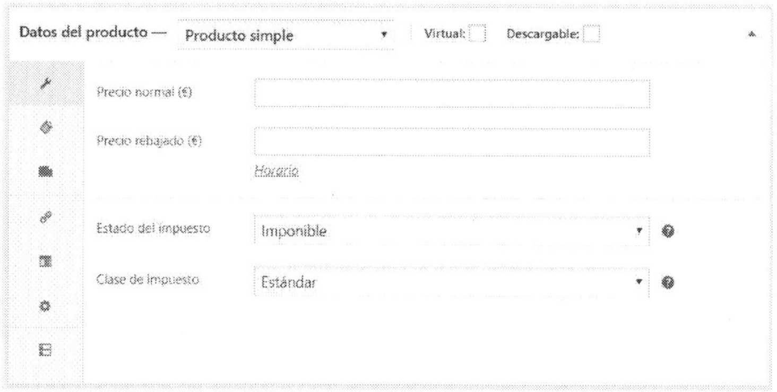

Desde aquí introduciremos el precio que tendrá el producto y, en su caso, el precio rebajado que le queramos poner. Pulsando en "horario", tendremos la posibilidad de hacer que el producto esté rebajado desde y/o hasta que deseemos.

Con el selector "estado del impuesto" elegiremos si el producto está o no sujeto a impuestos o si solo lo estaría el coste del envío.

Con el selector "clase de impuesto" seleccionaremos el tipo de impuesto que se le aplicará de los que hemos configurado previamente.

Inventario

- **SKU:** Será la referencia del producto.

- **¿Gestión del inventario?:** Si lo activamos el sistema nos mostrará algunas opciones nuevas, de forma que el sistema gestionará automáticamente el *stock* del producto que tenemos:

  - **Cantidad del inventario:** Introduciremos cuantas unidades del producto tenemos a la venta.

  - **¿Permitir reservas?:** Con esta opción habilitada, los clientes podrán "reservar" productos que están agotados, para que se los enviemos cuando haya disponibilidad

- **Estado del inventario:** Independientemente de si tenemos o no activa la gestión del inventario, el sistema nos permite seleccionar manualmente si el producto se mostrará como "agotado" o no.

- **Vendido individualmente:** Si marcamos esta opción, el cliente no podrá comprar más de una unidad del producto en un mismo pedido.

Envío

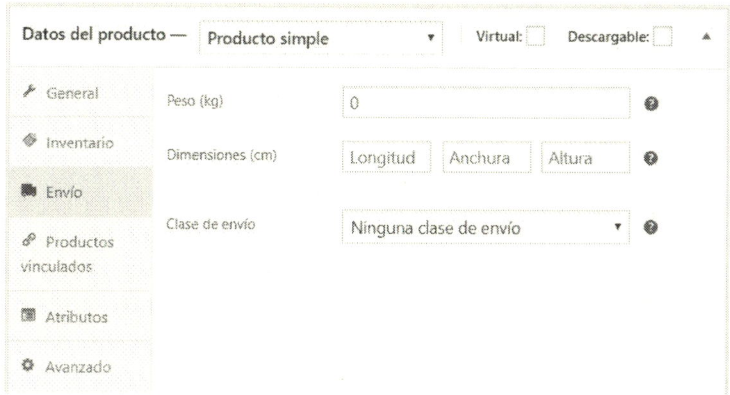

Nos servirá siempre que el producto no tenga un coste de envío estándar. No tocaremos nada si no lo necesitamos. Introduciremos el peso y/o las dimensiones cuando las vayamos a tener en cuenta a la hora de realizar el envío, y/o seleccionaremos la clase de envío que hemos configurado previamente.

Productos vinculados

Esta herramienta te será de mucha utilidad para aumentar las ventas de tu tienda:

- **Ventas dirigidas:** Los productos que aquí incluyamos aparecerán en la misma página de visualización del producto que estamos creando (normalmente en la parte inferior). Su idea de funcionamiento es que sirva como alternativa para el cliente del producto que estamos creando (porque sea de mejor calidad, porque nos interese más su venta, etc.), pero podemos utilizarlo también para incitar al cliente a que compre ambos productos.

  Su visualización tendrá un estilo similar al siguiente, pero puede variar dependiendo de la plantilla:

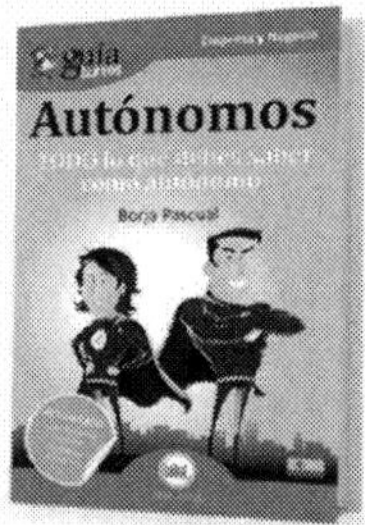

GuiaBurros para Autónomos: Todo lo que debes saber como autónomo
★★★★★
~~5,95€~~ 5,65€

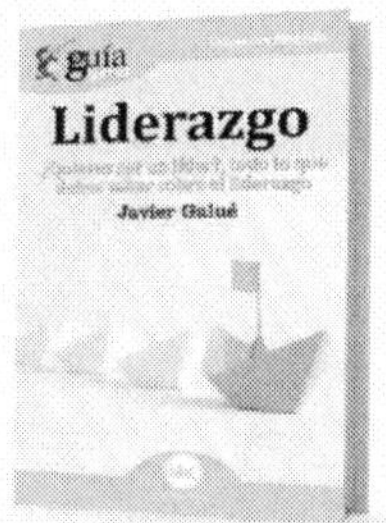

GuiaBurros Liderazgo: ¿Quieres ser un líder? Todo lo que debes saber sobre el liderazgo
~~5,95€~~ 5,65€

- **Ventas cruzadas:** Se mostrarán en el carrito de la compra del cliente, justo antes de finalizar la compra. Así podremos recomendarle productos que creamos que le pueden interesar y que se le hayan pasado por alto:

Puede que estés interesado en...

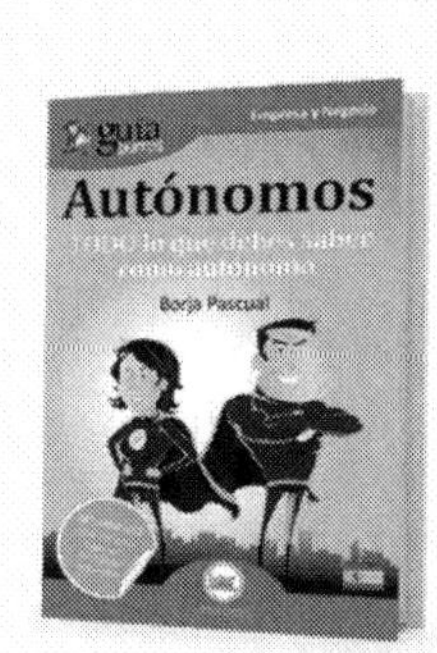

GuiaBurros para Autónomos: Todo lo que debes saber como autónomo

Atributos

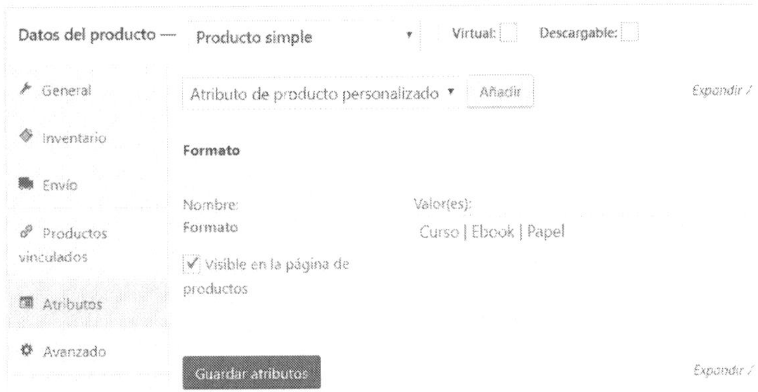

Los atributos nos servirán para definir características variables que tendrá nuestro producto. De esta forma, en primer lugar podremos filtrar productos en función de sus atributos (que podrán ser o no ser visibles si marcamos la opción "visible en la página de productos"). Además, nos servirán para, posteriormente, generar variaciones en base a estos atributos. Así el cliente podrá, por ejemplo, seleccionar la talla o el color del producto que está visualizando.

Para crear atributos, lo haremos siempre desde productos > atributos, y rellenaremos la información como ya lo hicimos al crear categorías, con la novedad de que podremos:

- **Activar el archivo:** Para que cada vez que se añada un elemento de este atributo en un producto, este tenga su propia página.

- **Tipo:**
  - Si elegimos "seleccionar", cuando añadamos los términos de atributo en el producto, solo podremos hacerlo entre los valores que hayamos prefijado. Esto será positivo para evitar errores y tener siempre unificado el sistema. Por el contrario, cuando queramos añadir un término de atributo que no hayamos fijado previamente, tendremos que crearlo con la consiguiente pérdida de tiempo.
  - Si elegimos "texto", cada vez que añadamos términos de un atributo, lo haremos escribiéndolos manualmente.

Si hemos elegido la opción "seleccionar", tendremos que añadir los términos seleccionables del atributo haciendo *clic* en "configurar términos":

Nombre	Slug	Tipo	Ordenar por	Términos
Formato	formato	Texto	Orden personalizado	Curso, Ebook, Papel Configurar términos
Talla	talla	Seleccionar	Orden personalizado	... Configurar términos

Una vez dentro, los añadiremos de la forma tradicional:

Los términos de atributos se pueden asignar a los productos y variaciones.

Nota: Al eliminar un término lo eliminará de todos los productos y variaciones al que ha sido asignado. Recreando un término no se asignará automáticamente de nuevo a productos.

Añadir nuevo Talla

Nombre

M

El nombre es cómo aparecerá en tu sitio.

Slug

talla-m

El "slug" es la versión amigable de la URL del nombre. Suele estar en minúsculas y contiene solo letras, números y guiones.

Descripción

Este producto tiene la talla M

La descripción no suele mostrarse por defecto, sin embargo hay algunos temas que puede que la muestren.

Añadir nuevo Talla

Con el atributo creado podremos volver a nuestro producto, donde ya podremos añadírselo. Dentro de la pestaña "atributos" seleccionaríamos en el desplegable el atributo que queremos añadir y pulsaríamos en "añadir":

Hecho esto, ya podremos añadir los términos del atributo, ya sea seleccionando de la lista o escribiendo (según hayamos configurado el atributo), siempre teniendo en cuenta que si hemos seleccionado tipo "texto", tendremos que separar los términos con el símbolo "|" que en un teclado tradicional español se obtiene pulsando "Alt GR" + "1".

> 💡 **CONSEJO**
>
> Si tenemos un atributo de tipo "seleccionar" y a la hora de introducir los términos vemos que nos falta alguno, podemos añadirlo rápidamente con el botón "añadir nuevo".

Si queremos utilizar este atributo para hacer un producto variable (por ejemplo, para que el cliente elija la talla o el color de un producto), tendremos que seleccionar la opción "usado para variaciones", que no aparecerá hasta que en "datos de producto" hayamos seleccionado la opción "producto variable":

No olvidemos pulsar en "guardar atributos" cuando hayamos terminado.

Variaciones (solo en productos variables)

Continuando lo visto en los últimos párrafos del anterior punto, podremos crear un producto variable en base a los atributos que hemos creado. Para ello, en el desplegable que encontramos nada más entrar a esta sección tendremos dos opciones:

1. Añadir variación.

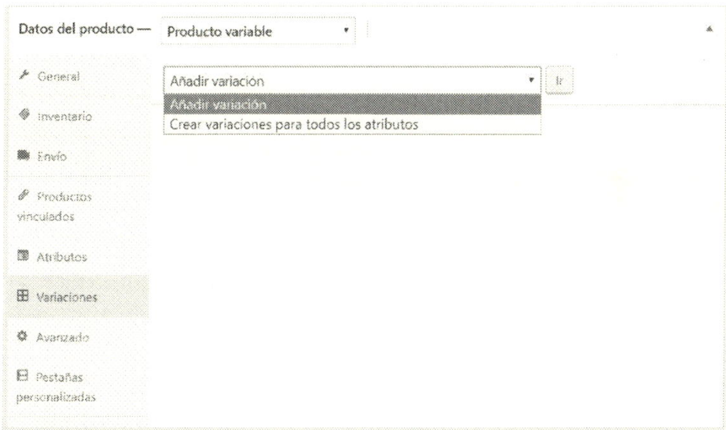

De esta forma añadiremos las variaciones del producto una por una.

Al hacer *clic* en "ir", el sistema nos mostrará un desplegable para añadir el atributo variable que le asignaremos al producto.

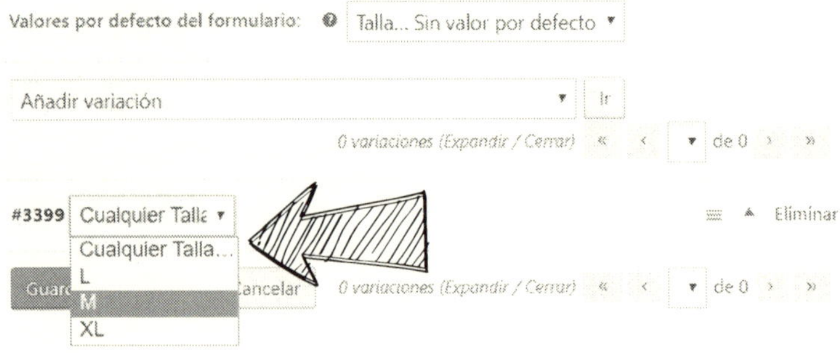

Una vez seleccionado, si pulsamos en la referencia (#3399 en el ejemplo que estamos viendo), se nos abrirá un desplegable donde podremos especificar las características de esta variable concreta. De este modo podremos asignarle un precio diferente, un peso diferente, etc:

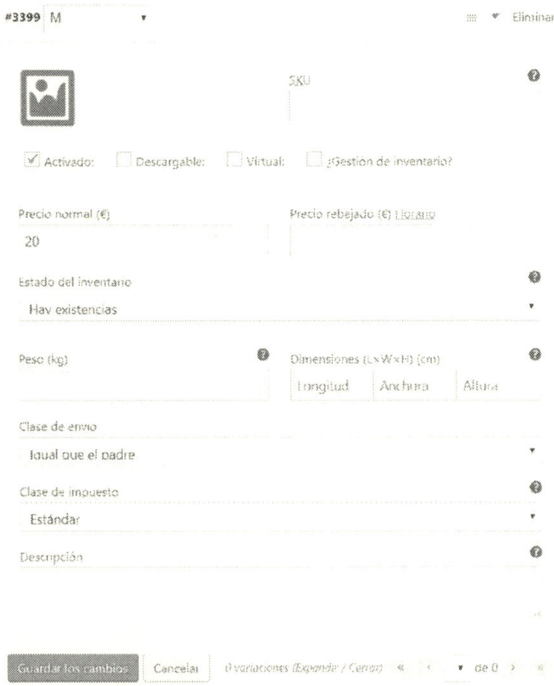

2. Crear variaciones para todos los artículos.

Esto añadirá automáticamente todas las variables disponibles de las que hayamos marcado como "usado para variaciones", lo que nos agilizará la tarea. El resto del funcionamiento es igual.

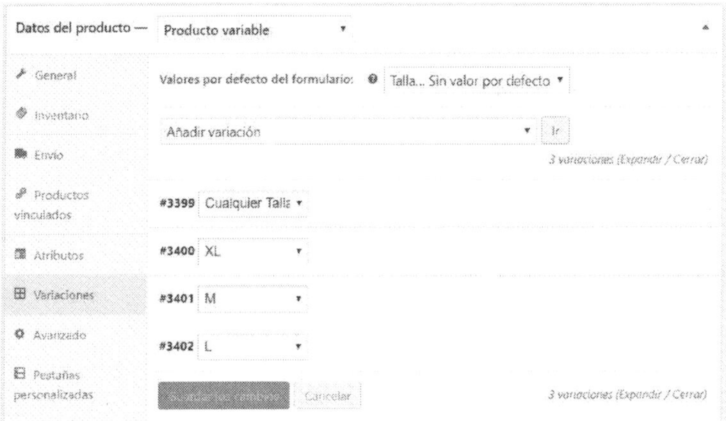

Avanzado

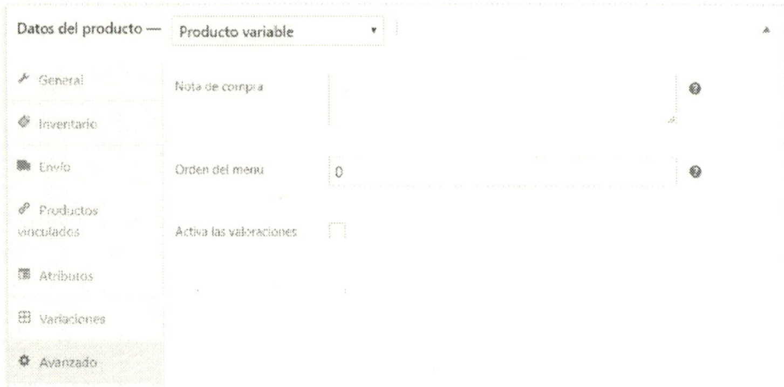

Desde aquí confirmaremos:

- **Nota de compra:** Se le enviará una nota al cliente que compre este producto tras la compra. Será útil para avisar de cosas como que el paquete es grande y el mensajero no lo subirá hasta su piso.

- **Orden del menú**: Nos permite hacer que el producto aparezca en la posición que indiquemos en el menú. Es decir, si ponemos "1" aparecerá en primera posición, y si ponemos "5", aparecerá en quinta posición.

- **Activa las valoraciones:** Permitirá a los clientes valorar los productos con comentarios y estrellas.

Descripción corta del producto

Continuamos analizando los elementos que encontramos al añadir un producto, y nos encontramos con "descripción corta del producto". Esta descripción aparecerá en la parte superior de la ventana de visualización del

producto y sirve para mostrar al cliente de un usuario
rápido lo que se va a encontrar. Sin dar muchos detalles:

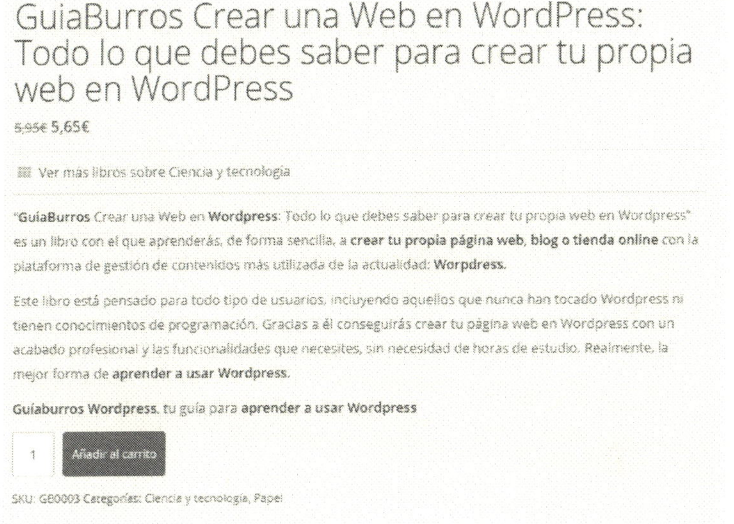

Un poco más abajo podremos añadir manualmente una
valoración del producto:

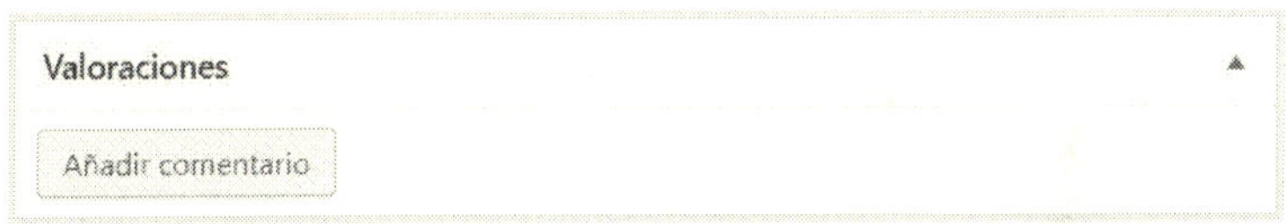

Por último, en el lado derecho encontraremos todas las
opciones relativas a la publicación del producto, su categoría, etiquetas, imagen destacada y galería del producto.

Todas funcionan exactamente igual que en la creación
de páginas excepto la "galería del producto". Su principal diferencia respecto a la "imagen del producto", es
que esta será la que se mostrará siempre acompañando

al producto (en el catálogo exterior de la tienda, al compartir en redes, etc.), mientras que la galería solo se podrá visualizar cuando se entre en la página individual del producto, y servirá para mostrarlo desde diferentes ángulos, con diferentes estilos, etc.

Siempre que podamos, deberemos subir por lo menos una foto de cada cara del producto. El cliente será más propenso a comprar cuanto más claro tenga qué es lo que se le está ofreciendo.

Plugins

Los *plugins* son un elemento prácticamente esencial en WordPress y WooCommerce, gracias a los cuales podemos ampliar las funcionalidades de nuestra *web* hasta unos niveles realmente sorprendentes.

Instalación

La instalación de *plugins* es muy similar a la instalación de temas.

Instalación mediante el directorio de plugins de WordPress

En primer lugar, tenemos la opción de instalar *plugins* directamente desde la sección *plugins* > añadir nuevo. de nuestro WordPress. Esta sección nos muestra un directorio de *plugins* gratuitos donde, en muchas ocasiones, encontraremos lo que estamos buscando.

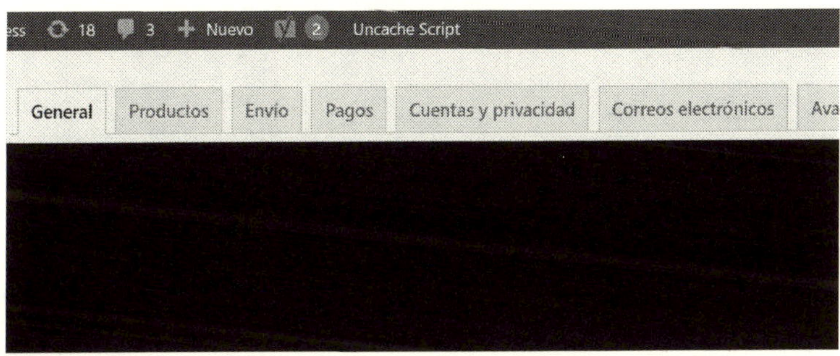

Cuando encontremos el *plugin* que estamos buscando, solamente tendremos que hacer clic en "instalar ahora" y el sistema realizará todo el proceso de instalación del *plugin*. Una vez instalado, solo quedará hacer clic en el botón "activar".

👁 ¡OJO!

Activar el *plugin* no implica que ya esté funcionando. En muchos casos es así, pero en otros es necesario realizar una configuración. Debemos consultar la documentación del *plugin*.

Instalación mediante subida del *plugin*

En algunas ocasiones deberemos recurrir a *plugins* que no aparecen en el directorio de *plugins* de WordPress. Generalmente esto ocurre cuando queremos instalar plugins de pago.

Para subir un *plugin* desde un archivo, tenemos dos opciones:

1. Subir el *plugin* desde nuestro escritorio de WordPress a través de *plugins* > añadir nuevo > subir *plugin*.

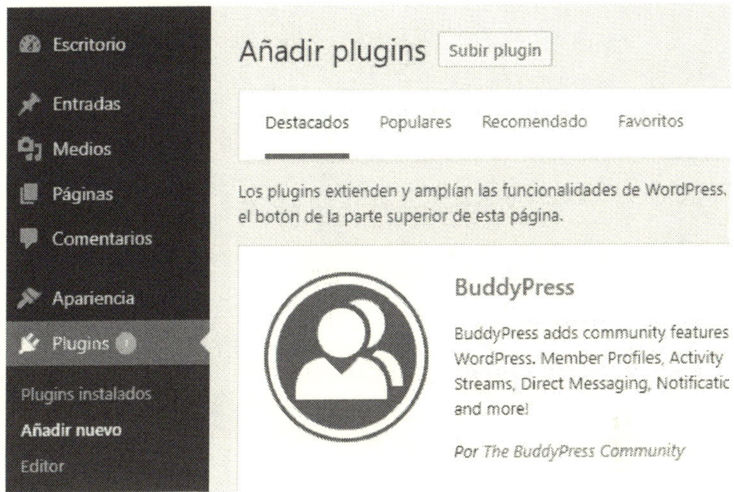

Esto nos permitirá subir directamente el .zip del *plugin*. Una vez subido, el sistema nos informará de que todo ha ido bien y nos mostrará directamente un botón "activar *plugin*", que deberemos pulsar.

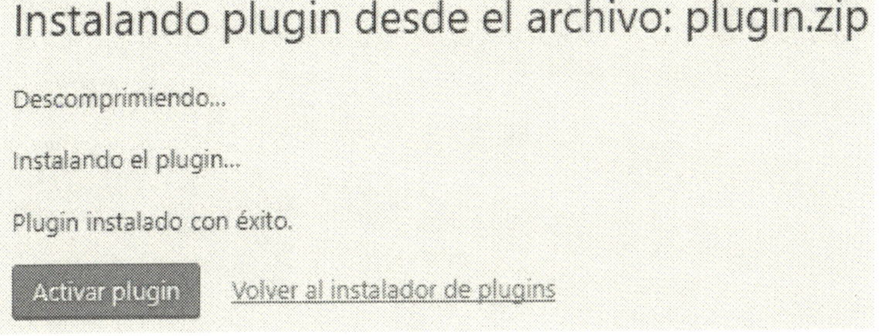

2. Subir el *plugin* desde FTP o desde el administrador de ficheros de nuestro servidor. En este caso, deberíamos subir la carpeta con todos los ficheros del *plugin* SIN COMPRIMIR al directorio /wp-content/plugins. Tras hacerlo, deberemos dirigirnos desde nuestro panel de WordPress a *plugins > plugins* instalados, y activar el que hemos subido. Este proceso de subida es algo más engorroso y no aporta ninguna ventaja respecto al anterior, pero debemos conocerlo por si hubiese problemas.

Plugins recomendados

- **Akismet**: Es un sistema muy recomendable para evitar SPAM en nuestras secciones de comentarios y valoraciones de productos.

- **Booster for WooCommerce** (muy recomendable): Es un *plugin* que engloba una gran cantidad de mejoras a nuestro WooCommerce.

- **Contact Form 7**: *Plugin* muy popular para crear formularios de contacto. Su funcionamiento es muy sencillo.

- **Import Products from any XML or CSV to WooCommerce:** Para importar una lista de productos directamente desde CSV o Excel. Muy útil para cuando nuestro proveedor nos envía estas listas.

- **Jetpack** (muy recomendable): *Plugin* muy polivalente que se podría definir como un "*plugin* de *plugins*". Sus funcionalidades incluyen muchos elementos básicos que, sin Jetpack, nos obligarían a ir buscando diversos *plugins* que las fuesen realizando (compartir nuestros artículos directamente en redes sociales, botones para que los visitantes puedan compartir nuestros artículos, estadísticas, etc.).

- **Visual Composer:** Sistema muy avanzado que nos permite maquetar y diseñar los contenidos de nuestras páginas y entradas de una forma muy sencilla, rápida y visual, con un sistema de elementos altamente intuitivo.

- **WooCommerce Currency Switcher:** Permite a nuestros clientes cambiar la moneda con la que visualizan los productos en nuestra página. Siempre con una conversión en tiempo real.

- **W3 Total Caché**: Almacena en memoria caché diversos elementos de nuestra *web* para poder ofrecer una carga más rápida.

- **WPML:** El *plugin* más popular para traducir WordPress a casi cualquier idioma. (Tendremos que instalar WooCommerce Multilingual para que WooCommerce sea compatible)

- **Yoast SEO**: Herramienta imprescindible para mejorar el posicionamiento de tu *web* de forma sencilla y completa. Estudiaremos su funcionamiento en el capítulo "SEO: El posicionamiento lo es todo".

SEO

De nada sirve que tengamos una tienda online perfecta, si nadie va a encontrarnos. Posicionar nuestra tienda en buscadores es crucial.

El SEO es una "ciencia" con miles de técnicas diferentes que van cambiando a lo largo del tiempo. Lo que hoy te posiciona rápido, mañana puede penalizarte.

En esta guía vamos a echar un vistazo general a los dos grandes grupos de técnicas SEO existentes, el SEO OnPage y el SEO OffPage, pero debido a la amplitud del tema, solo podremos "arañar su superficie".

SEO OnPage

El SEO OnPage engloba todas aquellas técnicas de posicionamiento que se realizan dentro de nuestra página *web*.

En WordPress y WooCommerce, el *plugin* gratuito más recomendado para ayudarnos a posicionar es "Yoast SEO". Este *plugin* incluye una serie de herramientas que nos facilitarán enormemente la tarea; además, si lo mantenemos actualizado siempre estaremos utilizando las técnicas óptimas de posicionamiento, aunque cambien los algoritmos de posicionamiento de los buscadores.

Además de los diferentes elementos de utilidad que encontramos en la configuración de Yoast SEO, se nos incorpora dentro de cada producto, página y entrada, una nueva sección desde la que podremos indicar la palabra con la que queremos posicionar, y a partir de ella, configurar su título, descripción, palabras clave, etc:

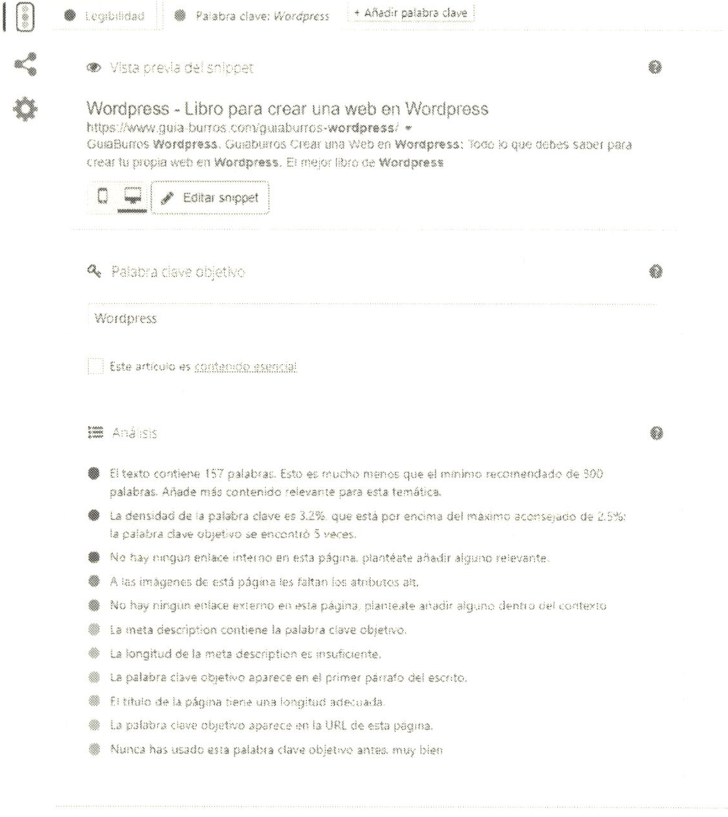

Es muy importante definir con qué palabras clave vamos a querer posicionar una entrada o página, y a partir de ella desarrollar el contenido, de forma que estas palabras clave aparezcan en el título, en el contenido (a poder ser utilizando en ocasiones negritas o formatos alternativos como "h2"), en el texto alternativo de las fotos, en la *url*, etc.

SEO OffPage

Son las técnicas de posicionamiento que se realizan fuera de nuestra página *web*.

Estas técnicas están cobrando relevancia en los últimos tiempos llegando a ser, en muchas ocasiones, incluso más importantes que el SEO OnPage.

El resumen de su importancia es que, cuantos más enlaces de calidad tenga tu *web*, más relevancia cobra en otras *webs*. Debemos tener muy en cuenta que deben ser enlaces de calidad. Hace unos años, una técnica de posicionamiento muy popular era incluir nuestras *webs* en directorios donde había miles de *webs* y ningún otro contenido. Esta estrategia a día de hoy no solo no beneficia, sino que penaliza.

Por tanto, la pregunta es: ¿Cómo consigo enlaces de calidad para mi *web*? Existen algunas opciones que dependen de nosotros mismos y que son las primeras que deberíamos tener en cuenta:

- **Redes sociales:** Debemos crear perfiles en las redes sociales más importantes e incluir en ellos un enlace a nuestra *web*.

- **Google Webmaster Tools:** Es un conjunto de herramientas que Google ofrece a los desarrolladores de páginas *web*. En ella, no solo incluiremos nuestra *web*, sino que además subiremos el mapa de nuestro sitio, algo básico para que Google nos indexe.

- **Comentarios en otras** *webs*: Podemos añadir nuestro enlace en otros *blogs*, foros, periódicos *online*, etc. Eso sí, debemos hacerlo con cabeza, escribiendo en sitios donde el "tema" de nuestra *web* tenga relevancia, y siempre realizando alguna aportación además del enlace.

Por otro lado, siempre es interesante contactar con otras *webs* que puedan estar interesadas en intercambiar enlaces con nosotros. Es decir, ellos recomiendan de alguna forma nuestra tienda, y nosotros recomendamos la suya en nuestro *blog*.

Consejos

Para finalizar esta guía, procedemos a enumerar algunos consejos que no deberías pasar por alto en tu WordPress y WooCommerce:

- » **Elige bien tu tema antes de empezar**; cambiarlo en el futuro será mucho más complicado. Recuerda que es muy importante que esté optimizado para funcionar con WooCommerce (aunque no es imprescindible) y que sea *responsive*, es decir, que se adapte correctamente a cualquier dispositivo (ordenador, tablet, smartphone, etc.)

- » **Intenta que en la portada de tu tienda se vea un buen número de productos**, y a ser posible, los que más interés puedan generar.

- » **Transmite seguridad a tus clientes**, evita faltas de ortografía o elementos que hagan dudar de nuestra profesionalidad.

- » **Acepta el mayor número de métodos de pago posibles.** La gente es muy exquisita.

- » **A la hora de contratar un TPV virtual** y de cerrar un contrato con una empresa de mensajería, intenta que tengan *plugins* para WooCommerce que puedan facilitarnos la vida.

- » **Mantén tu sistema siempre actualizado** (tanto el *core* como los *plugins*), pero no olvides realizar una copia de seguridad antes de cada actualización, ya que se podrían generar incompatibilidades o errores que nos supondrán grandes quebraderos de cabeza.

» **Mantén un entorno limpio y amigable para el usuario.** Evita saturar tu *web* con elementos inútiles como contadores de visitas o imágenes irrelevantes.

» **No olvides optimizar tus imágenes antes de publicarlas,** para que pesen alrededor de 150kb.

» **Si vas a publicar vídeos, la opción más interesante es utilizar proveedores externos como YouTube** e incrustar su reproductor en tu *web*; de esta forma ahorraremos espacio en el servidor.

» Siempre tenemos que **intentar que sea sencillo para los clientes contactar con nosotros**

» **Si has incluido un *blog* en tu tienda, elige bien el momento en el que se publicarán tus artículos.** Tradicionalmente, los martes y miércoles por la tarde son los momentos en los que más éxito tienen.

» **Facilita a tus usuarios la posibilidad de compartir tus productos y artículos;** incluye en ellos botones para compartir en las redes sociales más importantes.

» **Interactúa con los usuarios que comenten en tus artículos.**

» **Ten cuidado con las imágenes que utilizas**: la mayoría de las que encontrarás por internet tienen derechos de autor.

» **Si algo funciona como debe, no lo toques.**

Patrocinio

 Este libro está patrocinado por **Weberalia Marketing Online**, empresa especializada en desarrollo web y marketing online.

En Weberalia queremos diseñar la página web o tienda online que mejor se adapte a tu negocio, por eso, diseñamos una maqueta de tu web, de forma gratuita y sin ningún compromiso para que puedas ver nuestros resultados antes de contratar.

Todos nuestros packs incluyen todo lo necesario para el funcionamiento de tu página web o tienda online (hosting, dominio, soporte...) para que no tengas ningún gasto extra ni tengas que preocuparte de nada, siempre en servidores con discos SSD y Magic caché para obtener la más alta velocidad y con copias de seguridad diarias.

Web: **www.weberalia.com**
E-mail: **info@weberalia.com**
Tfno.: **902 095 098**

Autores para la formación

Editatum y **GuíaBurros** te acercan a tus autores favoritos para ofrecerte el servicio de formación GuíaBurros.

Charlas, conferencias y cursos muy prácticos para eventos y formaciones de tu organización.

Autores de referencia, con buena capacidad de comunicación, sentido del humor y destreza para sorprender al auditorio con prácticos análisis, consejos y enfoques que saben imprimir en cada una de sus ponencias.

Conferencias, charlas y cursos que representan un entretenido proceso de aprendizaje vinculado a las más variadas temáticas y disciplinas, destinadas a satisfacer cualquier inquietud por aprender.

Consulta nuestra amplia propuesta en **www.editatumconferencias.com** y organiza eventos de interés para tus asistentes con los mejores profesionales de cada materia.

www.editatum.com

Nuestras colecciones

Guías para todos aquellos que deseen ampliar sus conocimientos sobre asuntos específicos, grandes personajes, épocas, culturas, religiones, etc., ofreciendo al lector una amplia y rica visión de cada una de las temáticas, accesibles a todos los lectores.

Guías para gestionar con éxito un negocio, vender un producto, servicio o causa o emprender. Pautas para dirigir un equipo de trabajo, crear una campaña de marketing o ejercer un estilo adecuado de liderazgo, etc.

Guías para optimizar la tecnología, aprender a escribir un blog de calidad, sacarle el máximo partido a tu móvil. Orientaciones para un buen posicionamiento SEO, para cautivar desde Facebook, Twitter, Instagram, etc.

Guías para crecer. Cómo crear un blog de calidad, conseguir un ascenso o desarrollar tus habilidades de comunicación. Herramientas para mantenerte motivado, enseñarte a decir NO o descubrirte las claves del éxito, etc.

Guías prácticas dirigidas a la salud y el bienestar. Cómo gestionar mejor tu tiempo, aprenderás a desconectar o adelgazar comiendo en la oficina. Estrategias para mantenerte joven, ofrecer tu mejor imagen y preservar tu salud física y mental, etc.

Guías prácticas para la vida doméstica. Consejos para evitar el cyberbulling, crear un huerto urbano o gestionar tus emociones. Orientaciones para decorar reciclando, cocinar para eventos o mantener entretenido a tu hijo, etc.

Guías prácticas dirigidas a todas aquellas actividades que no son trabajo ni tareas domésticas esenciales. Juegos, viajes, en definitiva, hobbies que nos hacen disfrutar de nuestro tiempo libre.

Guías para aprender o perfeccionar nuestra técnica en deportes o actividades físicas escritas por los mejores profesionales de la forma más instructiva y sencilla posible,

guía
burros
Crear una Web
en WordPress

Tus derechos como ciudadano y consumidor

- El individuo en su condición de persona
- El individuo en su condición de familiar
- El individuo y el tráfico contractual
- El individuo en su condición de administrado
- El individuo y el acceso a la justicia

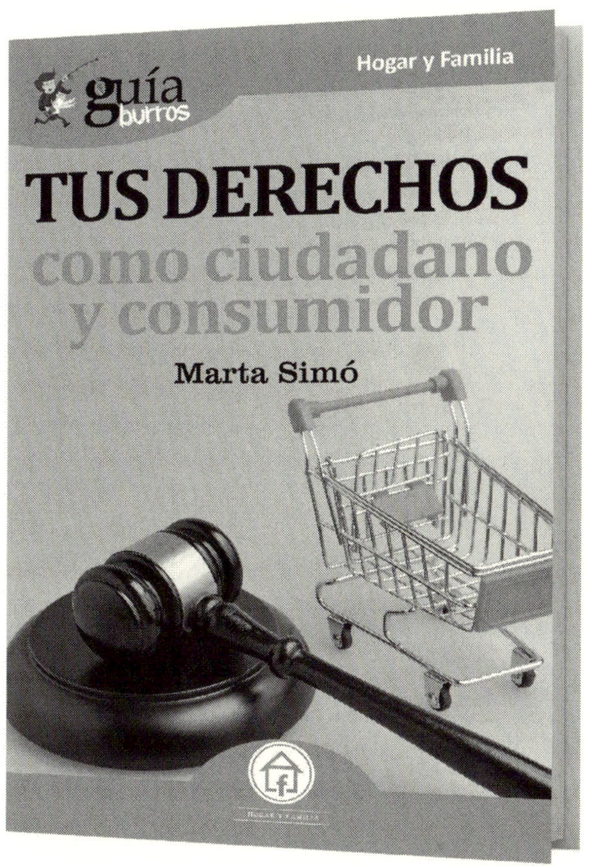

GuíaBurros Tus derechos como ciudadano y consumidor es una guía con todo lo que debes saber sobre tus derechos como ciudadano y consumidor.

Ciberseguridad

Reglamento General de Protección de Datos

GuíaBurros Reglamento General de Protección de Datos es una guía básica con todo lo que debes saber sobre la LOPD y la adaptación al nuevo reglamento RGPD.

+INFO

http://www.rgpd.guia-burros.com

guía
burros
Venta a puerta
fría

GuíaBurros Venta a puerta fría es una guía básica con todo lo que debes saber sobre la venta en frío.

guía
burros
Inteligencia
financiera

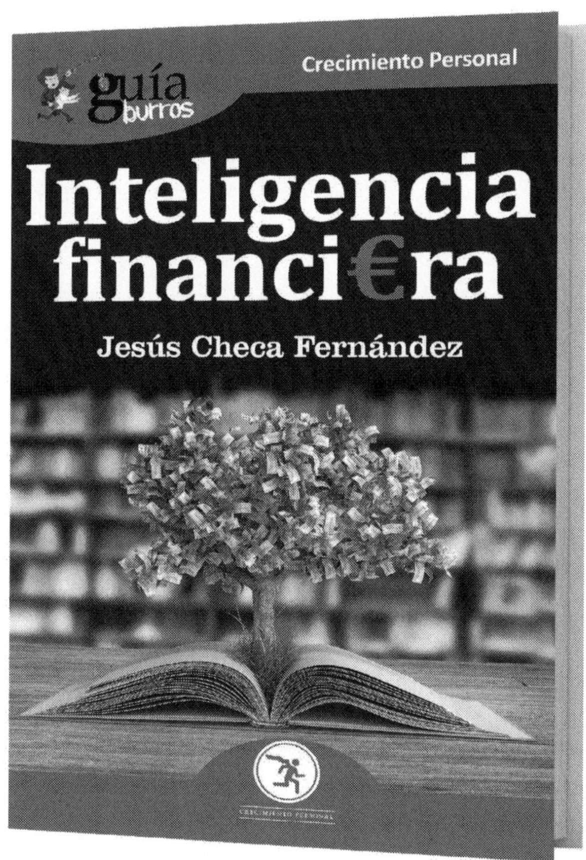

GuíaBurros Inteligencia financiera

El dinero no es para gastarlo, el dinero es para utilizarlo

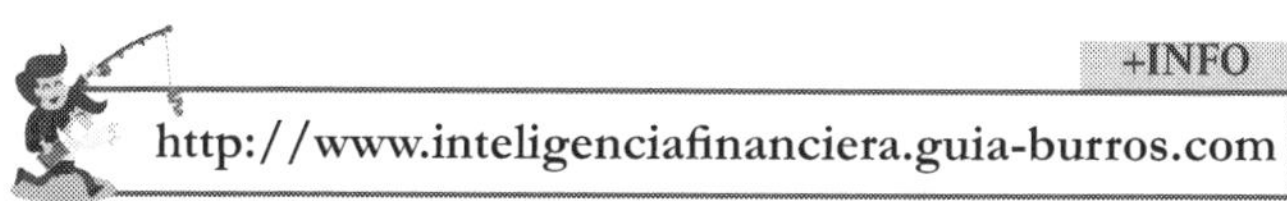

Made in the USA
Coppell, TX
10 February 2025

45742042R00085